L'ART DE LA VOILURE.

PAR M. ROMME, Professeur Royal de Mathématiques de MM. les Gardes de la Marine à Rochefort, Correspondant de l'Académie Royale des Sciences.

De l'Imprimerie de MOUTARD, Imprimeur-Libraire de la REINE, de MADAME, de Madame la Comtesse D'ARTOIS, & de l'ACADÉMIE ROYALE DES SCIENCES, rue des Mathurins, Hôtel de Cluni.

M. DCC. LXXXI.

DE
LA VOILURE.

S'il faut une cauſe puiſſante pour mouvoir la maſſe énorme d'un vaiſſeau, il faut auſſi des moyens propres à la communication du mouvement; & ſi cette cauſe eſt le vent, les moyens ſont des voiles, des vergues & des mâts. Les voiles ſont lacées avec les vergues; celles-ci ſont liées aux mâts; & les mâts ſont unis étroitement au corps du vaiſſeau; de ſorte que le vent frappant dans les voiles déployées, l'impulſion ſe communique au vaiſſeau qui eſt entraîné avec une viteſſe proportionnée, ſoit à la cauſe qui le meut, ſoit à la poſition & à l'étendue des voiles, ſoit enfin à la forme plus ou moins avantageuſe de ſa carene.

L'établiſſement des mâts, des vergues & des voiles doit par conſéquent être auſſi ſolide que leur uſage ſemble l'exiger. C'eſt pourquoi des cordages de diverſes groſſeurs ſont employés, ſoit à maintenir les mâts dans une poſition fixe, ſoit à ſoutenir les vergues dans des places déterminées & convenables, ſoit enfin à déployer les voiles, à les orienter, à les étendre, à les plier, & à diminuer leur étendue à volonté. Déjà, dans la deſcription de l'Art de la Mâture, j'ai dit comment les mâts ſont conformés, établis & aſſujettis ſur un vaiſſeau; j'ai fait connoître la forme des vergues; j'ai déſigné leurs places, & j'ai expoſé non ſeulement comment elles y étoient élevées, mais auſſi par quels moyens elles y étoient ſoutenues. Ainſi, il ne me reſte plus qu'à décrire toutes les voiles d'un vaiſſeau, avec toutes les manœuvres qui leur ſont relatives.

Je ferai donc connoître toutes ces voiles ſéparément; je décrirai leur forme & la maniere dont elles ſont travaillées; enſuite je les préſenterai établies aux places qui leur ſont aſſignées ſur un vaiſſeau; enfin, j'accompagnerai cette deſcription de tous les détails relatifs aux manœuvres de chaque voile. Je puis d'autant mieux entrer dans toutes ces expoſitions nombreuſes, que la place de chaque manœuvre uſuelle ou courante eſt auſſi bien fixée que celle des voiles mêmes, & que leur poſition eſt auſſi raiſonnée qu'elle eſt conſtante.

Tous ces développemens exigent ſans doute, pour être compris, les définitions d'un très-grand nombre de mots particuliers à la marine; & comme, en plaçant ces éclairciſſemens néceſſaires au centre de l'ouvrage, ils interromproient la chaîne des deſcriptions, je me ſuis décidé à donner à la ſuite de cet Ouvrage, & par ordre alphabétique, une explication ſuffiſante des mots employés & non définis en en faiſant uſage (*a*).

Il n'appartenoit certainement qu'à un homme de mer de donner au Public la deſcription de l'Art de la Mâture, ainſi que de la Voilure, & on devoit peu s'attendre à me voir entreprendre de traiter une matiere qui doit m'être étrangere. Auſſi, lorſque j'eus décrit l'Art de la Mâture, je ne préſentai cet Eſſai à l'Académie des Sciences que comme une preuve d'un zele que je voulois faire connoître, & non comme un Ouvrage réellement utile. L'Académie a bien voulu approuver mon travail, & m'engager à le compléter par la deſcription de l'Art de la Voilure. Dès-lors, trop flatté de cette invitation pour être arrêté par la crainte de ne pas remplir avec ſuccès les intentions de l'Académie,

(*a*) Voyez à la fin de cet Ouvrage l'explication de tous les termes de marine relatifs au grément d'un vaiſſeau : cependant, pour éviter les répétitions, je n'y ai pas placé les mots dont l'acception a été fixée dans le cours de la deſcription de cet Art. Si pour me faire entendre j'empruntois quelques termes d'Architecture navale, on aura recours à l'Ouvrage de M. Duhamel ſur cet objet, & on y trouvera les définitions néceſſaires. Je me reſtrains ici abſolument à ce qui regarde le gréement total d'un vaiſſeau, ſans y mêler rien d'étranger.

je me suis mis en état de répondre à son attente, autant qu'il étoit en mon pouvoir de le faire. J'ai consulté les Maîtres de l'Art; j'ai fréquenté les atteliers du Port de Rochefort; j'ai observé avec attention la maniere de gréer & de dégréer les bâtimens; & enfin j'ai recueilli toutes les lumieres que ma position & les circonstances m'ont permis d'acquérir. C'est avec ces moyens que j'entreprends la description de l'Art de la Voilure, qui doit être regardée comme une suite de celle de l'Art de la Mâture, & comme un quatrieme chapitre ajouté à ce premier Ouvrage. On doit donc supposer ici, que déjà les mâts d'un vaisseau sont établis & fixés; que les vergues sont élevées à leurs places respectives, & qu'il ne reste plus qu'à les garnir de voiles & de manœuvres qui completent enfin le gréement total d'un vaisseau.

Article premier.

Il regne entre les principales voiles d'un vaisseau le même ordre & la même distinction de noms qu'entre les vergues dont nous avons déjà désigné le nombre & la position.

(*Fig.* 1 & 2). Comme chaque mât partiel porte une vergue, de même aussi chaque vergue soutient une voile. La voile qui est lacée avec la grande vergue, est nommée grande voile, & les voiles portées par les vergues plus élevées & par le grand mât, sont nommées voiles de grand hunier & de grand perroquet; de sorte que chaque voile, ainsi que chaque vergue, emprunte son nom du mât auquel elle est unie immédiatement.

Le mât de misaine porte aussi trois voiles principales; le mât d'artimon en a deux ou trois; & le mât de beaupré, ainsi que son boute-hors, soutiennent ensemble & deux vergues & deux voiles. Ces deux dernieres ne reçoivent pas leurs noms du mât auquel elles sont attachées. La voile de beaupré est nommée civadiere, & celle du boute-hors, contre-civadiere.

Le nombre des voiles d'un vaisseau ne se borne cependant pas à celui des voiles que nous venons de nommer, il en est encore d'autres qui sont établies entre les mâts, & dont le plan est placé à peu près dans le sens de la longueur du vaisseau. Les noms sous lesquels ces voiles sont connues, sont ceux de focs & de voiles d'étai. Elles ne sont pas lacées avec des vergues comme les premieres dont nous avons parlé, mais elles sont déployées par le moyen de manœuvres & de poulies placées convenablement. Dans leur développement elles suivent à peu près la direction des étais, qui servent, comme on sait, à maintenir les mâts.

(*Fig.* 3). Dans un beau temps, un vaisseau porte encore, outre ces premieres voiles, d'autres voiles supplémentaires, que l'on nomme bonnetes, & qui sont déployées à l'aide de boute-hors, dont nous avons parlé dans la description de l'Art de la Mâture. Enfin, on ajoute encore quelquefois à toutes ces voiles d'autres petites voiles placées à la tête du grand mât & du mât de misaine, au dessus des perroquets, & qui sont nommés perroquets volans.

Toutes les voiles dont je viens de faire l'énumération ont toutes une étendue différente & des manœuvres relatives, placées dans un ordre & dans des lieux convenables à leur situation particuliere. Ainsi, pour l'éclaircissement de cette matiere, qui embrasse autant d'objets divers, & afin que les détails relatifs soient saisis comme ils doivent l'être, j'ai cru nécessaire de considérer les voiles de chaque mât séparément, & de parler ensuite des autres voiles, telles que les focs & les voiles d'étai: c'est la seule méthode que ce sujet a semblé me prescrire, pour être traité sans confusion & sans obscurité.

(*Fig.* 4). La grande voile d'un vaisseau a la forme d'un trapeze. Sa grande base, qui est la base inférieure, lorsque sur un vaisseau cette voile est déployée, est égale à la longueur totale de la grande vergue, en y comprenant celle des taquets (*Fig.* 1 & 2). La petite base, parallele à la premiere, & aussi horizontale, est égale à cette longueur, moins celle des taquets. Cette petite base, ou ce côté de la voile, est destiné à être envergué ou lacé avec la vergue, & c'est par cette raison qu'il est nommé l'envergure de la voile, tandis que le côté parallele inférieur porte le nom de bordure de la voile. La hauteur de ce trapeze, qui prend ici le nom de chute de la grande voile, est égale à la hauteur à laquelle la vergue est élevée au dessus du gaillard, en retranchant quelques pieds de cette quantité.

La grande voile d'un vaisseau de guerre est, comme on voit, d'une très-grande étendue, & on emploie pour la former une toile qui soit d'un tissu & d'une force proportionnés à cette étendue. C'est dans les Manufactures d'Angers, d'Agen, &c. qu'on fabrique toutes sortes de toiles à voiles. (*Voyez* Toile à voile.) Ces toiles ont vingt-un pouces de largeur; & c'est par une suite de bandes de toile, placées l'une à côté de l'autre, & réunies ensemble par des coutures, que l'on forme la surface entiere de la grande voile d'un vaisseau. Ces bandes de toile ou laizes ont une longueur égale à la chute de la voile, & elles sont placées parallélement à cette même chute. Lorsque le Voilier travaille à coudre (*a*) ensemble ces laizes préparées, il a soin de faire anticiper le bord de chaque bande sur le bord correspondant de la laize voisine; & alors, par plusieurs suites paralleles de points de couture, il réunit solidement ensemble les bords de ces bandes. Cette étendue, dont une laize anticipe sur sa voisine, est nommée proprement couture de la voile. La couture d'une voile a donc, suivant les Voiliers, une largeur, & cette largeur varie suivant les voiles. Dans la grande voile d'un vaisseau de 74 canons, la largeur de la couture est de trois pouces au haut de la voile,

(*a*) Les Voiliers emploient pour coudre & des aiguilles & une espece de dé dont la forme est particuliere. Voyez à la fin les mots Dé, Aiguilles & les figures 5, 6, 7 & 8.

& ensuite diminuant par gradation depuis l'envergure jusqu'à la bordure, elle n'a plus au bas de la voile que l'étendue d'un pouce. C'est par le moyen de cette diminution progressive dans la largeur de la couture, qu'on réussit à former toute la surface de la voile par un nombre déterminé de laizes égales, & qu'on établit entre l'envergure & la bordure une différence déjà désignée & nécessaire pour l'établissement de cette voile déployée. Le nombre des laizes suffisantes à la formation de la grande voile, est ainsi calculé & d'après la grandeur de son envergure, & d'après la largeur de la toile, ainsi que celle de la couture. Quant à la longueur de ces mêmes laizes, il est à remarquer qu'elle n'est pas la même dans chacune. La hauteur de cette voile, mesurée au milieu, est plus petite que la longueur de ses côtés; & cette différence dans les gros vaisseaux, est de trois pieds ou trois pieds six pouces. C'est par cette raison que le côté inférieur de cette voile, ou sa bordure, n'a pas précisément la forme d'une ligne droite dans toute son étendue. Cette différence de longueur dans les laizes ne commence qu'à celles qui correspondent au tiers de la bordure de chaque côté du milieu de la voile; & c'est à compter de ces points qu'elle croît avec ménagement à chaque laize suivante, jusqu'à devenir de trois pieds ou trois pieds six pouces à chaque angle ou coin de la voile.

Lorsque les laizes qui composent une voile sont toutes cousues les unes aux autres, alors le Voilier travaille à fortifier cet assemblage : il fait autour de la voile une espece d'ourlet, en repliant le bord de la voile sur la voile même. Cet ourlet, qu'il nomme gaîne, n'a pas la même largeur dans tout le contour de la voile, & cette largeur a plus d'étendue sur l'envergure qu'autour du reste de la voile. On verra bientôt sur quoi est fondée cette différence. Cette gaîne n'est fixée sur la voile que par un simple rang de points de couture.

Le Voilier place ensuite sur cette voile, parallélement à sa chute, & auprès de la gaîne latérale, une laize entiere, qui a la longueur du côté de la voile, & toute la largeur de la toile. Cette laize, qui sert de renfort à la voile sur les côtés, est cousue par un de ses bords au fond de la voile, & par l'autre bord à la gaîne. La Figure quatrieme fait connoître la position de cette espece de doublage (*a*).

Parallélement à l'envergure, & à une distance de cette envergure, égale au quart de la chute, le Voilier coud une bande de toile, qui n'a de largeur que la moitié de celle de la toile, & cette bande prend le nom de bande de ris. Elle est cousue, ainsi que le premier doublage, sur la face de la voile qui est destinée à recevoir immédiatement l'impulsion du vent.

Le Voilier applique aussi auprès de la bordure de la voile, & en six endroits différens, des morceaux de toile, qui portent le nom de renforts, parce que réellement ils servent à renforcer les parties de la voile qu'ils recouvrent. Chacun de ces renforts a une aune de hauteur & le double de la largeur de la toile. Ils sont distribués à égale distance le long de la bordure, comme on le voit dans la Figure quatrieme. Ces doublages sont destinés à soutenir la voile contre les efforts des manœuvres qui, attachées aux points de la bordure correspondans à ces renforts, sont employées à retrousser & à plier la voile.

Cependant la grande voile, dans cet état, n'a pas encore assez de force pour résister aux efforts auxquels elle sera livrée, & qui pourroient la déchirer; ainsi, c'est pour lui donner toute la fermeté convenable que le Voilier coud fortement sur tout le contour de la voile & sur la gaîne un cordage nommé ralingue (*Fig.* *), qui est proportionné à la grandeur de la voile ou à celle du vaisseau. La ralingue est cousue de façon que la gaîne de la voile embrasse le tiers de sa circonférence.

Quoique la voile soit embrassée dans son contour par un cordage, la grosseur de ce cordage n'est pas la même par-tout, ou plutôt différens cordages, ajoutés les uns aux autres, & de diverse grosseur, entourent ensemble l'étendue de la voile. Celui qui regne le long de l'envergure, & qu'on nomme la ralingue têtiere, n'est que les deux tiers de la grosseur de la ralingue qui embrasse le reste du contour de la voile. Ces deux ralingues sont artistement réunies, par leur extrêmité, vis-à-vis les deux angles supérieurs de la voile; & la maniere de les réunir mérite d'être décrite particuliérement. Voici comment le Voilier forme cette espece d'enlacement (*Fig. 9*). Il fait passer le bout de la têtiere entre les torons de la ralingue latérale, & lui faisant embrasser deux de ces torons, il le replie sur lui-même, & ensuite il épisse son extrêmité avec la têtiere. Le bout de la ralingue latérale est aussi replié sur lui-même au point de cette ralingue, où elle est pénétrée par la têtiere, & l'extrêmité est aussi épissée le long de la ralingue latérale. C'est ainsi, par le retour de ces ralingues sur elles-mêmes, que le Voilier forme deux œillets, qui sont correspondans à chaque coin de la voile, & qui ont leur utilité particuliere pour faciliter la jonction de l'envergure de la voile & de sa vergue. Ces œillets, & les points des ralingues où les épissures ont été faites, sont ensuite fourrés ou recouverts d'un petit cordage, dont les tours, serrés & pressés, donnent une nouvelle force à cette partie des ralingues, & garantissent ainsi la solidité de cet assemblage nécessaire.

La têtiere est cousue sur cette face de la voile qui est destinée à recevoir l'impulsion du vent. L'autre ralingue est aussi cousue en partie sur la même face, & en partie sur l'autre face. (Désormais la premiere face de la voile sera nommée le dedans de la voile, & la face opposée sera nommée le dessus de la voile.) La ralingue est donc cousue en dedans de la voile, depuis le coin supérieur nommé la pointure de la voile, jusque en *o*, placé près du coin

(*a*) Dans les figures des voiles, les doublages sont marqués par une teinte plus forte que le fond des voiles.

inférieur de la voile, nommé point d'écoute. Au point *q*, le Voilier détourne la ralingue sur l'autre face de la voile, & coud sur cette face la partie qui embrasse le contour *o c z* de cette voile. Ensuite il ramene la ralingue de dessus la voile en dedans, & la coud depuis *z* jusqu'en *q* : il la détourne ensuite depuis *q* jusqu'en *r*, & de *r* en *b*; elle est enfin cousue en dedans de la voile. Les parties *o c* & *r d* ont trois pieds de longueur dans les gros vaisseaux, tandis que *c z* & *q d* sont égales chacune au quart de la bordure. Les parties *o c z* & *r d q* de la ralingue, reçoivent un renfort avant d'être cousues à la place qui leur est assignée. Ce renfort devient d'autant plus nécessaire, que c'est aux points *c* & *d* de la voile que sont attachés les cordages qui servent à déployer & à border la voile. L'effort de ces manœuvres, qui est considérable, a donc fait juger convenable de donner à ces parties de la ralingue une force plus grande que dans le reste du contour de la voile. C'est pour remplir cet objet que le Voilier commence d'abord par congréer & fourrer ces parties de la ralingue. Il prépare ensuite séparément, & de la même maniere, un nouveau cordage de la longueur de *o c z*, mais d'une force un peu inférieure à celle de la ralingue. Ce nouveau cordage, fourré & congréé, est alors assemblé & lié avec la partie *o c z* de la ralingue, pour partager avec elle l'effort que doit soutenir l'angle inférieur de la voile. Cependant cet assemblage, qui doit embrasser le contour *o c z* de la voile, a toujours une longueur plus grande que *o c z*; & le Voilier lui donne cet excès de longueur, afin qu'en le cousant il puisse lui faire former une boucle ou un œillet correspondant au coin inférieur de la voile. Cet œillet est destiné à retenir ces manœuvres, que nous disions plus haut être employées à déployer & à tendre la voile; & il a ainsi une certaine saillie au delà du coin de la voile. Cette forme, que prend le cours de la ralingue, ne permet pas que les côtés de la voile soient aisément cousus à la ralingue, sans aucune interruption; & c'est pour suppléer à cet inconvénient qu'on perce dans la toile & en dedans de l'angle inférieur de la voile, trois trous, tels qu'on les voit dans la Figure quatrieme. L'un est immédiatement au sommet de l'angle; les autres, plus éloignés du sommet de cet angle, sont placés chacun à trois pouces de distance de la ralingue correspondante. Ces trous, ou ces œillets, sont fortifiés dans leur contour; & c'est par ces trous *a* & *b* qu'on fait passer un bout de merlin, qui unit chaque côté de la voile avec la ralingue correspondante. L'œillet qui est au sommet de l'angle sert aussi au passage d'un bout de merlin, qui est employé à brider l'amarage que l'on fait lorsqu'on veut resserrer l'ouverture de l'œillet de la ralingue. Afin de renforcer ces œillets, & que la voile ne soit pas déchirée, on prépare autant de petites bagues de corde (*Fig.* 10), qui ont le diametre de l'œillet, & on les coud sur la voile. Le diametre des trous de la voile est depuis six lignes jusqu'à quatorze lignes, selon que les voiles appartiennent à de grands ou à de petits bâtimens.

On perce aussi dans la bande de ris (*Fig.* 11) autant de trous qu'il y a de laizes dans l'étendue de la voile, & on les fortifie de la même maniere. La gaîne qui regne le long de l'envergure est de même percée d'autant de trous; & c'est l'espace nécessaire pour placer ces œillets qui a obligé de donner à la gaîne, dans cette partie, une largeur plus considérable que celle de la gaîne qui regne sur le reste du contour de la voile.

Ensuite, sur la ralingue latérale (*Fig.* 4), & vis-à-vis la bande de ris, le Voilier place en dehors de la voile une patte de ris. Cette patte (*Fig.* 12) est formée par un morceau de cordage, dont les deux bouts *o* & *s* sont enlacés avec les torons de la ralingue. L'espace embrassé sur la ralingue par ce cordage, est à peu près de cinq pouces dans les voiles des grands vaisseaux, & le cordage est assez long pour faire un arc dont la fleche est à peu près de deux pouces. Chaque patte de ris, placée ainsi de chaque côté de la voile, vis-à-vis la bande de ris, sert à retenir une manœuvre qu'on y attache, & qui est employée pour aider à diminuer l'étendue de la voile deployée, lorsque le vent & les circonstances viennent à l'exiger.

Sur l'étendue des ralingues latérales de cette voile (*Fig.* 4), on place aussi au dessous de la patte de ris trois pattes semblables, qui reçoivent comme elle leur nom de leur usage, & qui sont nommées pattes de boulines; faites & travaillées comme les pattes de ris, elles ont des places qui ne sont pas arbitraires. La plus haute de ces pattes est placée un peu au dessus du milieu de la chute de la voile, & les deux autres sont placées à distances égales, entre l'angle inférieur de la voile & la patte la plus haute. Ces pattes servent à retenir les boulines, qui sont des manœuvres destinées à étendre le côté de la voile, afin que la voile, mieux présentée au vent, en reçoive une impulsion & plus étendue & plus directe.

Sur la ralingue de bordure (*Fig.* 4), & vis-à-vis chaque renfort partiel, déjà placé en travaillant la voile, on établit autant de pattes semblables aux pattes précédentes. Elles sont destinées pour des manœuvres nommées cargue-fond, qui servent à retrousser la voile & à la rapprocher, en la pliant, de la vergue qui la porte.

Telle est la grande voile d'un vaisseau sortant des mains du Voilier. C'est dans cet état qu'elle reçoit ensuite toutes les manœuvres dont elle doit être garnie, soit pour être enverguée, soit pour être déployée, soit pour être ferrée, soit enfin pour être manœuvrée.

Je pense qu'il est plus à propos d'expliquer maintenant comment cette voile est établie sur un vaisseau, que de renvoyer cette description à une place plus éloignée. Cette voile vient d'être travaillée sous les yeux du Lecteur, & sans doute il lui deviendra moins pénible de suivre tous les détails qui doivent accompagner l'établissement de cette voile. Ainsi, cette raison me détermine à faire voir comment le Maître de manœuvre dispose cette voile, soit pour remplir l'objet auquel elle est destinée,

soit

soit pour résister aux efforts auxquels elle est nécessairement exposée. Je désignerai d'ailleurs le nom, le lieu & l'usage de chaque manœuvre nécessaire à cette voile. Le nom & le lieu ne changent pas plus l'un que l'autre, & les hommes de mer mettent cet ordre dans le gréement d'un vaisseau, afin que le jour, ainsi que la nuit, ils puissent trouver aisément les manœuvres qu'ils veulent faire agir.

Une voile, pour recevoir & transmettre l'impulsion du vent, n'auroit besoin d'être retenue contre le cours du vent, que par les quatre coins, *a*, *b*, *d*, & *c* (*Fig.* 4) ; mais la grande courbure que prendroit la voile dans cet état, & le grand effort que ses coins auroient à soutenir, ont décidé les Marins à adopter l'usage d'attacher à la vergue, & par plusieurs points, l'envergure entiere *a b* de cette voile. C'est à ce dessein que la gaîne qui regne le long de l'envergure porte des œillets, & que les ralingues têtieres & latérales forment des boucles dans leur jonction aux angles supérieurs de la voile. En effet, lorsqu'on veut enverguer la voile décrite, ou lorsqu'on veut lier son envergure avec la grande vergue d'un vaisseau, on commence par fixer les coins ou points supérieurs de cette voile aux extrémités de la vergue. (*Fig.* 9). Un cordage à trois torons, & de plusieurs brasses de longueur, passe dans l'œillet de la ralingue latérale, ainsi que par-dessus le taquet de la vergue ; & par le moyen de plusieurs tours répétés de ce cordage, chaque point supérieur de la voile se trouve attaché & fixé à la grande vergue. Ce cordage est nommé raban de pointure, & son effort est encore secondé par l'effort d'un autre cordage, nommé raban de croisure, qui passe par-dessus la vergue en dedans du taquet, en traversant l'œillet de la têtiere.

Lorsque les points supérieurs de la voile ont été liés solidement avec la vergue, alors dans chaque œillet de la gaîne d'envergure on fait passer autant de cordages, qu'on nomme rabans d'envergure. Ils sont moins gros que les rabans de pointure. Chacun de ces rabans est introduit dans l'œillet, de façon que le milieu du raban réponde à l'œillet, & que de chaque côté de la voile il y ait une branche pendante. Alors, faisant passer successivement en sens contraire les branches de chaque raban, & par-dessus la vergue, & par l'œillet correspondant de la gaîne, ces tours multipliés achevent de lier étroitement à la vergue toute l'envergure de la voile.

La grande voile, ainsi enverguée, est déjà retenue en partie contre l'effort du vent : ensuite, des manœuvres attachées aux angles inférieurs, servent à maintenir la voile dans un plan à peu près vertical, & à présenter sa surface à l'impulsion du vent. Comme la grande voile d'un vaisseau de guerre est d'une étendue très-considérable, & comme par conséquent elle peut recevoir de la part du vent une impulsion très-grande, il est certain qu'elle ne seroit pas facile à manœuvrer, si on se contentoit d'attacher à ses coins inférieurs de simples cordages. On sacrifie donc une partie de la rapidité des mouvemens, à la sûreté & à la commodité de la manœuvre. C'est pourquoi on estrope deux poulies simples séparément (*Fig.* B). On termine chaque estrope longue par un cul de porc ; & les queues des estropes étant ensuite unies ensemble (*Fig.* 15) ; cet assemblage est introduit dans l'œillet *o* de la ralingue, correspondant à chaque point inférieur de la voile. Ensuite un nouvel amarage resserre l'ouverture de l'œillet, & les culs de porc empêchent que l'assemblage *a m b* ne puisse s'échapper de l'œillet du point de la voile. C'est à l'aide de ces poulies simples & des cordages qui passent sur leur rouet, que chaque point de la voile peut être mû & la voile tendue comme les circonstances l'exigent (*Fig.* 14). Dans l'une de ces poulies on fait passer un cordage *z a t*, nommé l'écoute de la grande voile ; & le cordage qui passe dans l'autre poulie est nommé l'écouet ou l'amure de la même voile.

L'écoute sert à porter le point de la voile vers l'arriere A du vaisseau, tandis que l'amure est employée à l'en éloigner ou à le porter vers l'avant, c'est-à-dire à amurer la voile. L'usage de ces manœuvres doit être facile à concevoir, lorsqu'on se rappelle (*Descrip. de l'Art de la Mâture.*) que les voiles doivent, au gré du Manœuvrier, faire un angle droit ou un angle aigu avec l'axe de longueur du vaisseau. Si la voile est présentée à l'impulsion du vent, de façon que son plan soit perpendiculaire à cet axe de longueur, alors comme la bordure de la voile est plus grande que la largeur du vaisseau, cette voile ne peut être bien étendue, à moins que chaque écoute ne porte en arriere chaque point inférieur de la voile. Mais si la route proposée du vaisseau & la direction du vent régnant exigent que le plan de la voile fasse un angle aigu avec l'axe de longueur, alors la vergue est placée, par le moyen des bras, sous cet angle déterminé ; & tandis que le point inférieur de la voile, qui est du côté du vent, est porté à l'avant par son amure, l'autre point sous le vent est tiré vers l'arriere à l'aide de son écoute (*Fig.* 1 & 2). C'est d'après une telle position de cette voile que l'on dit, dans le langage des Marins, que cette voile est amurée au vent & bordée sous le vent. En général, en tirant sur l'amure d'une voile on amure la voile, & en employant son écoute on la borde, c'est-à-dire qu'on l'étend, & qu'on diminue, autant qu'il est possible, la grande courbure qu'elle tend à prendre.

C'est pour orienter ainsi la grande voile, & avec facilité, que ses amures & ses écoutes sont placées aussi avantageusement qu'elles peuvent l'être. Une des extrémités de l'écoute est attachée à un piton *z*, fiché dans la préceinte du vaisseau auprès des bouteilles, à peu près à la hauteur du point de la voile (*Fig.* 14). L'écoute, en suivant le contour extérieur du vaisseau, vient passer dans une des poulies d'assemblage portées par le point de la voile ; elle revient ensuite passer par une autre poulie *q* à longue queue, placée & maintenue dans une position horizontale sous les porte-haubans d'artimon, & de là elle se rend à un trou *f*, pratiqué dans l'épaisseur du bord, qui facilite son entrée dans l'intérieur du vaisseau, où elle est manœuvrée commodément,

& enfin amarée à un taquet de lançage, fixé contre le bord intérieur du vaisseau.

Cette poulie à queue dont je viens de parler, porte ce nom, parce que l'estrope de cette poulie est terminée par une longue queue *cd*, fourrée & garnie d'une cosse *c* à son extrémité. C'est à l'aide de cette cosse *c* qu'on aiguillette la queue de cette poulie à un piton fiché dans le vaisseau en *p*. Ce systême de la poulie & de sa queue est ensuite soutenu dans une position horizontale par une courbe de fer *k i h*, appliquée contre le bord extérieur du vaisseau, & placée entre les chaînes des haubans d'artimon. Cette situation horizontale qu'on donne à cette poulie, est nécessaire, parce que l'écoute doit être tirée horizontalement.

(*Fig.* 13). L'amure de la grande voile fait dormant à un piton S, fiché dans le dogue d'amure A B au dessous du rouet. Le courant passe dans la poulie *b* d'amure (*Fig.* 14), qui est retenue dans le point inférieur de la voile; de là l'amure revient passer sur le rouet du dogue d'amure (*Fig.* 13), & ensuite, rentrant dans l'intérieur du vaisseau, elle est manœuvrée & enfin amarée au cabestan qui sert même souvent à amurer la voile.

L'amarage de l'extrémité de l'écoute ou de l'amure à leur piton respectif, s'exécute très-simplement. Le bout de ces manœuvres, après avoir passé dans le piton, revient sur lui-même, où il est retenu par plusieurs tours pressés & serrés d'un petit cordage.

Quoique l'écoute & l'amure servent à déployer la grande voile, qui est orientée obliquement à la quille, & qui est toujours soutenue par sa vergue élevée, ces moyens ne suffisent cependant pas pour donner à cette voile la tension qu'elle doit avoir, & la figure plane dont elle doit approcher, autant qu'il est possible, sur-tout lorsque le vaisseau court au plus près; car alors le vent frappe la voile sous un petit angle d'incidence, & le côté de la voile qui est au vent a besoin d'être tiré vers l'avant, afin que la surface de la voile, dans cette partie, ne soit pas abandonnée à sa mollesse, & qu'elle se présente mieux au cours du vent dont elle doit recevoir l'impulsion (*Fig.* 1 & 2). C'est pour remplir cet objet, qu'on attache des manœuvres convenables aux trois pattes de bouline, portée par chaque ralingue latérale de la voile (*Fig.* 16). Soient *a b c* ces trois pattes. On amare un bout de cordage *o z n* par les extrémités *n* & *o* aux deux pattes *a* & *b*, & *o z n* prend alors le nom de branche de bouline. Cette branche porte une cosse coulante ou bague de fer, qui peut courir le long de *o z n*. Autour de cette cosse en *z* est amarée l'extrémité d'une seconde branche de bouline, dont l'autre extrémité est attachée à la troisieme patte *c*; & cette seconde branche de bouline porte aussi une cosse pareille, qui est embrassée par l'extrémité d'un nouveau cordage *r s*, qui est proprement la bouline. Cette bouline *r s* gouverne ainsi les deux branches de bouline & le côté *a c* de la voile. Elle passe dans une poulie coupée, qui est amarée sur le coltis en avant du vaisseau (*Fig.* 1 & 2); & lorsque l'équipage hâle sur cette bouline, dont l'effort est dirigé suivant la position de la poulie coupée, alors le côté de la voile est tiré en avant & en dedans du vaisseau, & par ce moyen la bouline contribue à déployer mieux la voile, & à lui faire recevoir le vent sous un angle d'incidence, plus grand que si elle étoit abandonnée à elle-même. La bouline étant hâlée autant qu'elle doit l'être, est ensuite retenue dans cette roideur par un taquet du gaillard auquel elle est amarée.

L'amure & la bouline, placées ainsi du côté du vent, servent à déployer la voile autant qu'elle peut l'être, tandis que l'écoute sous le vent est employée à étendre ou à border le reste de la surface de cette voile (*Fig.* 1 & 2). Telle est donc une grande voile orientée obliquement à la quille; & il est facile de concevoir comment elle seroit déployée, si son plan faisoit un angle droit avec la quille. Maintenant qu'elle a été présentée dans toute son étendue, il reste à faire voir comment, suivant l'occasion, on diminue cette même étendue de voile, exposée à l'effort du vent, & même comment on soustrait au vent, soit en tout ou en partie, la grande voile d'un vaisseau. Je vais donc faire connoître tous les moyens qu'on met en usage pour exécuter ces diverses manœuvres.

Ce n'est que par un vent extrêmement violent qu'on est obligé de diminuer, à la mer, l'étendue de la grande voile, en prenant un ris. Prendre le ris de la grande voile, c'est soustraire à l'effort du vent cette partie de la surface de la grande voile, qui est comprise entre l'envergure & la bande de ris. On fait passer dans chaque œillet de cette bande une garcette de ris *a b c* (*Fig.* 17), qui est un cordage plat, fait de fils tressés ensemble, & dont chaque extrémité est terminée en pointe. Lorsque chaque garcette est passée dans chaque œillet (*Fig.* 11), & que le milieu de la garcette est dans l'œillet, alors elle est fixée dans cette position par un nœud fait sur cette garcette de part & d'autre de la voile. Chacune de ces garcettes a plusieurs brasses de longueur. Elles servent à plier sur la vergue cette surface de la voile qui est entre l'envergure & la bande de ris. Mais pour rapprocher facilement cette bande de ris de l'envergure, & pour assujettir fortement sur la vergue les extrémités de cette bande, on attache à chaque patte de ris un raban, nommé raban de ris. Ce raban est un cordage à trois torons, qui, étant retenu par la patte de ris, s'éleve vers la grande vergue, & sert ainsi d'abord à rapprocher de la vergue la bande de ris, & à lier l'extrémité de cette bande avec l'extrémité de la vergue en dehors du taquet. C'est lorsque les rabans de ris ont fait leur fonction, qu'on emploie ensuite les garcettes de ris pour achever de prendre le ris proposé.

Dans certaines circonstances plus fréquentes, les Marins diminuent encore & l'impulsion du vent sur la grande voile, & l'étendue de cette voile par un autre moyen, qui consiste à élever auprès de la vergue un des points inférieurs de la voile. Exécuter cette manœuvre, c'est, suivant les Marins, carguer le point de la grande voile. Dans cet état, la voile n'est plus retenue par ce point, & alors son plan tend à se placer dans une direction différente de celle où il étoit situé auparavant, & elle prend enfin une direction qui la soustrait au vent autant qu'il est possible. C'est pour faciliter cette manoeuvre, essentielle dans bien des cas, qu'on attache à chaque point inférieur de la voile une poulie simple, dans laquelle passe un cordage *s u q* (*Fig.* 15), nommé cargue-point, & qui sert à élever ce point auprès de la vergue. Cette poulie simple, devant être placée dans une situation propre à la manoeuvre qu'elle doit favoriser, porte une estrope terminée par un oeillet ou longue boucle. Cette boucle est introduite dans l'oeillet du point; & alors, dans la partie de la boucle qui se présente hors du point, on fait passer le corps de la poulie, qui, par ce moyen, est placée au dessus du point, & tournée du côté de la vergue, en dedans de la voile. La cargue-point embrasse le rouet de cette poulie, & fait dormant sur la vergue en un point éloigné du bout de la vergue d'une distance égale au tiers de la longueur de cette vergue. Le courant de cette cargue s'éleve de la poulie de point vers la vergue, pour passer dans une poulie simple, aiguilletée sur la vergue auprès du dormant; ensuite cette cargue descend pour se rendre à une poulie de retour, aiguilletée au plat-bord du gaillard d'arriere, & enfin elle est amarée à l'estrope de cette derniere poulie.

Si une cargue-point, employée seule, sert ainsi à diminuer l'effort du vent sur la voile, il s'ensuit que l'impulsion diminue bien davantage lorsqu'on fait agir les deux cargue-points. Ces deux cargues sont donc employées lorsqu'on se propose de plier la voile ou de la soustraire à l'effort du vent. Mais ces deux manoeuvres ne sont pas suffisantes pour aider à serrer la voile. C'est pourquoi on joint à leur effet celui d'autres manoeuvres, nommées du nom général de cargues, & des noms particuliers de cargue-fonds & cargue-boulines. C'est en mettant toutes ces cargues en action, que la voile est retroussée auprès de la vergue; & c'est après cette manoeuvre que les plis nombreux de la voile peuvent facilement être pressés & serrés contre la vergue, de façon que le vent ne puisse avoir aucune prise sur sa surface.

Les cargue-fonds sont destinées à rapprocher la bordure de la voile auprès de la vergue, tandis que les cargue-boulines saisissent & élevent les côtés de cette même voile. Ces cargues passent par-dessus la voile. Afin de bien présenter le jeu de cargue-fond, il faut que je décrive & la place & le cours des cargues. La premiere cargue sert à retrousser la moitié de la voile depuis la bordure jusqu'à l'envergure. C'est un cordage dont une extrémité est amarée à la patte de fond, voisine du point inférieur de la voile. Cette cargue s'éleve en courant sur la convexité de la voile jusqu'à la vergue, où elle passe dans une poulie simple, correspondante à la patte de fond. De là elle va traverser une poulie double, aiguilletée aux barres de hune, & vient embrasser le rouet d'une poulie longue, placée en avant du mât. Ensuite cette cargue revient sur elle-même, repasse sur le second rouet de la poulie double, aiguilletée aux barres; & traversant une nouvelle poulie, aiguilletée sur la vergue, auprès des poulies de drisse, elle descend jusqu'à la bordure où son autre extrémité est amarée à la patte de fond, placée près du milieu de la bordure. La poulie longue, qui est placée en avant du mât, & qui est embrassée par la cargue-fond, ne porte ce nom que parce que c'est un systême (*Fig.* C.) de deux poulies réunies par leur extrémité, & dont les plans sont perpendiculaires l'un à l'autre. Le second rouet de cette poulie, dont le premier rouet est embrassé par la cargue-fond, sert au passage d'une seconde manoeuvre (*Fig.* 1 & 2), qui porte le nom de drisse de cargue-fond, ou simplement de cargue-fond, tandis que l'autre cargue, dont on a décrit le cours, retient le nom d'itague de cargue-fond. La cargue-fond, proprement dite, fait dormant au fronteau du gaillard d'avant; & le courant qui passe sur un rouet de la poulie longue, descend pour se rendre à une poulie de retour qui est aiguilletée près du dormant de la cargue, & qui, détournant la direction de la cargue, en rend la manoeuvre plus facile. Cette cargue est enfin amarée auprès de cette derniere poulie. Il y a aussi une seconde cargue-fond & une itague de cette cargue-fond, qui correspond à l'autre moitié de la grande voile. On voit aisément qu'en roidissant les cargue-fonds, la voile doit être retroussée & élevée auprès de la vergue. Mais, par cette action des cargue-fonds, les côtés de la voile ne sont pas encore assez rapprochés de la vergue, & ramassés en plis assez serrés & assez égaux. C'est donc pour remplir cet objet, que les Marins attachent le long de chaque côté de la voile & aux pattes de bouline un nouveau cordage, qu'on nomme cargue-boulines. Cette cargue est amarée, par une de ses extrémités, à la patte de bouline la plus basse; & le courant de cette cargue, en s'élevant vers la vergue, passe dans un margouillet attaché à la patte de bouline la plus haute. Cette cargue passe ensuite dans une poulie, aiguilletée sur la vergue, au tiers de sa longueur, pour se rendre à une poulie simple, aiguilletée sous la hune, aux traversins; & de là elle descend enfin pour être amarée à un taquet cloué au grand mât, près du gaillard.

Si on imagine maintenant qu'on fasse agir ensemble toutes ces cargues décrites, cargue-points, cargue-fonds & cargue-boulines, on verra aisément que la voile doit se replier sur elle-même, & que ses plis pressés doivent se rassembler sous la vergue. Faire cette manoeuvre, c'est, suivant les Marins, carguer la voile, & cette opération précede celle de la serrer. Celle-ci consiste à presser fortement autour de la vergue tous les plis déjà formés de la voile, à l'aide des cargues, & de les maintenir dans cet état par le moyen de rabans, nommés rabans de ferlage, qui embrassent, par plusieurs tours, & la vergue, & tous les plis correspondans de la voile. Ces rabans de ferlage sont au nombre de cinq sur chaque moitié de la vergue. Leur forme est celle d'une sangle qui auroit quatre à cinq pouces de largeur (*Fig.* 18). Les rabans qui sont au milieu de la vergue, & qui doivent serrer par conséquent le milieu de la voile, ont plus de longueur que ceux qui sont placés aux extrémités de la vergue. D'ailleurs, une extrémité de ces rabans est terminée par un œillet, qui sert à les aiguilleter avec la vergue, & l'autre extrémité a une forme pointue.

Les matelots destinés à serrer la voile, montent jusqu'à la grande vergue par les enflechures des haubans, & se distribuent en nombre convenable sur l'étendue de cette vergue (*Fig.* 1 & 2). Il faut alors, pour la commodité de leur opération, que leurs pieds soient appuyés au dessous de la vergue, afin qu'ils puissent ramasser en avant de la vergue les plis nombreux de la voile, & les lier étroitement avec cette vergue. C'est pourquoi on établit un cordage (*Fig.* 19), nommé marche-pied, qui est divisé en deux parties, dont chacune correspond à chaque moitié de la vergue. Chaque marche-pied est terminé d'un côté par un œillet qui sert à le capeler au bout de la vergue, tandis que son autre extrémité porte une cosse. (Souvent au lieu d'une cosse on met un cap de mouton, comme on le voit dans la Fig. 19.) Le second marche-pied, correspondant à l'autre moitié de la vergue, est aussi capelé par un bout, & la cosse qu'il porte à son extrémité est ridée avec celle du premier marche-pied, & cet aiguilletage correspond au milieu de la vergue. Cependant, avec quelque force qu'on pût rider ces marche-pieds, le poids des matelots, répandus en grand nombre sur leur longueur, leur donneroit nécessairement une courbure très-considérable, & qui empêcheroit les matelots de dominer au dessus de la vergue. Cette considération a donc fait établir l'usage de faire soutenir le marche-pied en divers points de sa longueur, par des cordages nommés étriers, qui passent par-dessus la vergue, & qui portent une cosse dans laquelle passe le marche-pied. Ces étriers *m* sont au nombre de trois, & même de quatre sur chaque moitié de la vergue. C'est avec ces secours que la courbure de chaque partie du marche-pied, divisé par ses étriers, ne peut plus être gênante, & la voile peut alors être serrée commodément.

Ces détails sur la grande voile d'un vaisseau, suffisent sans doute pour faire connoître comment cette voile est travaillée, comment elle est enverguée, déferlée, orientée, bordée, carguée & serrée. Ils comprennent ainsi & la formation de cette voile, & la maniere dont elle est employée. Toutes les autres voiles portées par un vaisseau, doivent être susceptibles d'être manœuvrées comme la grande voile. Elles sont donc comme elle garnies de manœuvres propres à les déployer, à les orienter & à les serrer. Cependant, quoique toutes ces voiles soient destinées à recevoir & à transmettre l'impulsion du vent, comme les circonstances exigent souvent qu'elles soient employées & déployées les unes sans les autres, & comme elles servent aussi quelquefois toutes ensemble, elles ont chacune leurs manœuvres séparées, & c'est par un tel arrangement qu'on assortit aisément aux circonstances la voilure d'un vaisseau. Sa grandeur peut toujours être proportionnée à l'état du vent, à celui de la mer, ainsi qu'aux desseins particuliers du Manœuvrier.

Cette indépendance mutuelle des voiles d'un vaisseau sembleroit me laisser la liberté de les décrire dans un ordre arbitraire : cependant il en est un qui est indiqué par l'état des choses, & auquel je crois devoir me conformer.

Dans un vaisseau, chaque mât porte des voiles, qui sont totalement séparées des voiles des autres mâts (*Fig.* 1 & 2). Le grand mât porte une grande voile, une voile de grand hunier, & une voile de grand perroquet. Ces trois principales voiles, qui composent en partie la voilure du grand mât, sont établies de façon qu'elles peuvent être déferlées & déployées séparément. Cependant il regne entre elles une certaine dépendance; elles ne peuvent être orientées différemment, & il faut toujours qu'elles soient toutes dans un seul & même plan. Cette espece de dépendance ne regne pas nécessairement entre les voiles du grand mât & celles du mât de misaine, ou des autres mâts. Le plan de celles-ci peut faire, avec l'axe de longueur du vaisseau, un angle différent de celui que les voiles du grand mât font avec le même axe; & c'est d'après ces considérations que j'ai cru devoir me décider à décrire en particulier chaque systême de voiles, ou la voilure séparée de chaque mât. Ainsi, dès que j'ai commencé à décrire la grande voile & la position de ses manœuvres, je dois m'occuper maintenant à détailler tout ce qui regarde la voile du grand hunier.

La voile qui, dans un vaisseau, est placée immédiatement au dessus de la grande voile, est celle de grand hunier (*Fig.* 1 & 2). Elle est portée par la vergue de même nom, & ses dimensions sont déterminées par la place qu'elle occupe, sa forme est celle d'un trapeze. L'envergure de cette voile est égale à la longueur de la vergue de grand hunier, moins celle de ses taquets; & sa bordure est égale à l'envergure de la grande voile, moins un quarante-huitieme de toute la longueur de la grande vergue. Sa chute est égale à la longueur du grand mât de hune, moins le ton, & moins la moitié de la longueur de la noix de ce mât.

L'envergure & la bordure sont taillées en ligne droite, tandis que les côtés de cette voile reçoivent une certaine courbure, en partie arbitraire, & en partie déterminée par la position de quelques manœuvres.

(*Fig.* 20). Soit *a b c d* la forme d'un grand hunier. La courbure du côté *a c* ou du côté *b d*, dépend depuis *a* jusqu'en *p* de la position des bandes de ris, au nombre de trois, & de la distance qui regne entre les taquets du bout de la vergue. La bande de ris la plus élevée dans les grands huniers des vaisseaux de guerre, est placée à quatre pieds de distance de l'envergure; & le point *m* du côté de la voile, qui est l'extrémité de cette bande, ce point, où est placée la premiere patte de ris, doit toujours correspondre verticalement au dessous du premier taquet de la vergue. La troisieme bande de ris, ou la plus basse, est placée au tiers de la chute de cette voile, & la seconde bande de ris tient le milieu entre la premiere & la troisieme bande. Les deux points *n* & *p* du côté de de la voile doivent aussi, comme le point *m*, correspondre verticalement aux deux taquets extérieurs de la vergue. Les points *mn&p* étant ainsi fixés de position de chaque côté de la voile, alors la voile est taillée de façon que le côté *ac*, ainsi que le côté *bd*, passent par les points déterminés. Ensuite, depuis la troisieme bande de ris jusqu'à la bordure, les deux côtés de la voile reçoivent du Voilier une courbure qu'il regle à son gré.

Lorsqu'un Voilier se propose de faire la voile du grand hunier d'un vaisseau, il calcule d'après son envergure le nombre des laizes de toile qui sont nécessaires pour former le parallélogramme *aoqb*, en supposant toujours ce qui est nécessaire, soit pour la gaîne, soit pour la largeur que doit avoir la couture. Cette largeur est d'un pouce ou un pouce un quart dans les voiles des gros vaisseaux, & elle est constamment la même dans toute la hauteur de la voile. La partie *aoqb* du hunier étant travaillée, on complette cette étendue par de nouvelles laizes, dont le nombre est calculé sur l'étendue des parties *qd* & *co* de la bordure, & dont la forme est réglée par la courbure déjà assignée aux côtés *ac* ou *bd* de la voile.

Autour de cette voile ainsi préparée, on fait une gaîne semblable à celle qui entoure la grande voile, ensuite on couvre de renforts ou de doublages les parties de cette voile qui doivent présenter une plus grande résistance.

Le premier doublage est nommé le tablier du hunier; il a la forme d'un parallélogramme rectangle; & dans la Fig. 20, c'est *fhig*. Sa base *hi* est le tiers de l'envergure, & sa hauteur *fh* est égale au tiers de la chute. Il est appliqué en dedans du hunier, de façon que le milieu de sa base corresponde au milieu de la bordure.

Ce tablier, cousu sur le hunier, empêche que cette voile ne soit déchirée dans cette partie qui frotte irréguliérement contre les rebords de la grande hune. Cette voile est encore préservée des dangers du frottement par l'araignée. (*Voyez* le mot Araignée.)

Les bandes de ris sont cousues dans les places désignées précédemment, & portent des œillets ainsi que la gaîne d'envergure. Ces œillets sont plus multipliés que dans la grande voile. Si le Voilier fait un œillet dans la premiere laize latérale du hunier, il en perce deux dans la seconde laize, ensuite un seul dans la troisieme laize, & deux dans la quatrieme, en observant cette alternative pour les laizes suivantes.

Au-dessous des extrémités de chaque bande de ris, on coud sur la voile un petit renfort (*Fig.* 20), qui a la largeur de la toile & quelques pieds de hauteur. Le côté extérieur de ce renfort prend la courbure ou l'inclinaison du côté de la voile.

Aux coins supérieurs du hunier, le Voilier coud aussi un renfort, dont la largeur est celle de la toile, & la hauteur égale à sa largeur.

Depuis les bandes de ris jusqu'à la bordure, & le long des côtés de la voile, le Voilier place plusieurs doublages successifs pour fortifier ces côtés du hunier. Le premier de ces doublages est cousu près du point d'écoute. C'est un assemblage de trois laizes de toile qui recouvre un certain espace *zxc* du hunier. A la suite de ce premier renfort, & au dessus, le Voilier coud plusieurs laizes, placées successivement, comme on le voit dans la Figure. Tous ces renforts donnent aux côtés de la voile une force supplémentaire, qui leur est nécessaire pour résister aux grands efforts que doivent supporter à la mer & les points de la voile & les pattes de bouline.

De même, on fait régner de chaque côté du tablier, & le long de la bordure, un doublage formé d'une seule laize. Il s'étend depuis le bord du tablier jusqu'au doublage placé au point d'écoute.

La voile ainsi travaillée, est ensuite ceinte par une ralingue, cousue sur la gaîne de cette voile. Cette ralingue n'a pas la même grosseur dans tout le contour de la voile. La ralingue qui regne le long de la bordure & qui embrasse les deux points d'écoute, est celle de toutes qui a la plus grande circonférence. Les ralingues latérales, qui s'élevent jusqu'aux points supérieurs de la voile, ont une moindre circonférence, mais elles sont plus grosses que la têtiere.

La partie de la ralingue de fond qui embrasse un point d'écoute, est renforcée comme semblable partie de la ralingue de grande voile. Elle est fourrée & unie à un autre cordage qui est aussi fourré. Cet assemblage est cousu sur la gaîne, & le Voilier, dans ce travail, a soin de former un œillet au point inférieur de la voile. Ce point est nommé point d'écoute. La partie de cette ralingue qui regne sous le tablier, est aussi fourrée. Les ralingues latérales sont épissées avec les extrémités ascendantes des ralingues de fond, & la têtiere est enlacée avec les ralingues de chute, comme les ralingues semblables de la grande voile.

Sur chaque ralingue latérale, & vis-à-vis chaque bande de ris, le Voilier attache une double patte de ris. Au dessous des pattes & des bandes de ris, on place aussi quatre pattes de bouline. La plus haute de ces pattes correspond à peu près au milieu de la chute du hunier; les autres pattes sont distribuées à distances égales, entre le point d'écoute & la plus haute patte de bouline.

La ralingue de bordure porte aussi quatre pattes de cargue-fond, distribuées à distances égales le long de la bordure : ensuite on attache à chaque patte du milieu un margouillet, qui sert au passage de chaque cargue-fond.

C'est dans cet état que le grand hunier sort des mains du Voilier pour passer dans celles du Manœuvrier; & celui-ci s'occupe alors des moyens d'enverguer cette voile, & de la garnir de toutes les manœuvres nécessaires.

Le grand hunier est envergué comme la grande voile. Deux rabans de pointure & de croisure, avec des rabans d'envergure, réunissent étroitement à la vergue l'envergure du hunier. Les points inférieurs de cette voile ne sont pas garnis d'un assemblage de poulies d'écoute & d'amure. Il n'y a aucune poulie attachée au point inférieur du hunier. Un seul cordage, qui est l'écoute, est introduit dans l'œillet du point, & il y est retenu par son extrémité, qui est terminée en cul de porc. Chaque écoute, ainsi fixée au point d'écoute, passe ensuite sur le rouet d'une poulie capelée au bout de la grande vergue, & nommée poulie de bout de vergue (C'est la même poulie qui porte le rouet sur lequel passe la balancine). En sortant de cette poulie, l'écoute suit la longueur de la vergue, & se rend à une poulie aiguilletée sous la grande vergue, auprès & en dehors des poulies de drisse. De là elle descend pour passer sur un rouet des bitons, & pour être amarrée à ces mêmes bitons.

Ainsi, lorsqu'à la mer on veut déployer le grand hunier pour lui faire recevoir l'impulsion du vent, on roidit les écoutes pour tendre ou border la voile, on hisse sa vergue jusqu'à la tête du mât, & alors le hunier est appareillé, si toutefois il a été orienté d'avance par le moyen des bras de grande vergue & de vergue de grand hunier.

Le hunier n'a pas des amures comme la grande voile; mais ce qui en fait fonction, ce sont les bras de la grande vergue, qui, donnant à cette vergue l'obliquité convenable, rappellent en même temps la bordure du hunier dans le même plan vertical qui passe par la grande vergue.

A ces premieres manœuvres on en ajoute d'autres, qui servent, soit à mieux présenter au vent la surface du hunier, telles que les boulines, soit à diminuer son étendue, tels que les rabans & les palanquins de ris, soit à la soustraire au vent, en la carguant, telles que les cargue-points, cargue-fonds & cargue-boulines. Ces manœuvres, qui sont destinées aux mêmes usages que les manœuvres semblables de la grande voile, ont aussi à peu près la même position; mais il y a quelques différences que je dois faire remarquer.

Deux cargue-fonds servent à retrousser le hunier. Chacune est attachée par une de ses extrémités à la patte de fond voisine du point d'écoute. Chaque cargue passe ensuite dans le margouillet de la patte placée près du milieu de la bordure; & ensuite s'élevant à la vergue, chacune passe dans une poulie aiguilletée sur la vergue, près des poulies d'itague; de là le courant passe dans une poulie frappée sur le deuxieme hauban du grand mât de hune, près du capelage; & descendant ensuite par le trou de la hune, nommé trou du chat, chaque cargue se rend aux bitons de cargue-fonds sur le gaillard d'arriere, où elle est amarrée à un taquet.

Chaque cargue-point est amarrée sur la vergue par une de ses extrémités. Le courant partant de ce point fixe, vient passer dans la poulie de cargue-point, qui est attachée au point, comme la poulie de cargue-point de grande voile. Le courant remonte ensuite à une poulie aiguilletée sur la vergue, & au tiers de sa longueur près du dormant. Cette cargue enfin descendant jusqu'au ton du grand mât, où elle traverse une poulie qui y est aiguilletée, se rend à une poulie de retour, fixée au plat-bord sur le gaillard d'arriere, & est amarrée au taquet du troisieme hauban du grand mât.

Chaque cargue-bouline est une manœuvre simple, qui est amarrée à la seconde patte au dessus du point d'écoute; le courant passe dans un margouillet attaché à la troisieme patte, s'éleve jusqu'à la vergue, traverse une poulie correspondante; de là ce courant se rend à une poulie aiguilletée au deuxieme hauban, près de celle qui sert au passage de la cargue-fond; & descendant enfin, chaque cargue passe sur un rouet des bitons, & est amarrée à un taquet du gaillard.

La bouline du grand hunier gouverne trois branches de boulines, tandis que comme on l'a vu, celle de grande voile n'en gouverne que deux. La ralingue de chute porte à cet effet quatre pattes, nommées pattes de bouline. La premiere branche de bouline porte une cosse coulante, & est amarrée par ses deux extrémités aux deux pattes supérieures: la seconde branche, portant aussi une cosse coulante, est amarrée par ses deux extrémités aux deux pattes les plus basses. Les deux cosses coulantes, portées par ces deux branches, servent ensuite à l'amarrage des extrémités d'une troisieme branche, qui porte aussi une cosse coulante, autour de laquelle est attachée la bouline (*Fig.* 21). La bouline, pour agir avec avantage, se rend dans la hune de misaine, & passe dans une poulie aiguilletée sur l'arriere du mât de misaine (*Fig.* 1 & 2). De là elle descend par le trou du chat, passe dans une poulie aiguilletée à un piton fiché en dedans contre le plat-bord, & enfin elle est amarrée au taquet du dernier hauban de misaine. C'est ainsi, par le secours de cette bouline, qu'on déploie au vent le côté du hunier.

On prend des ris dans le grand hunier, à l'aide des rabans, des palanquins & des garcettes de ris. J'ai déjà fait remarquer que le Voilier, en travaillant cette voile, avoit fait des doubles pattes de ris, vis-à-vis chaque bande de ris, sur la ralingue latérale. Chacune de ces pattes n'est nommée double, que parce que deux pattes consécutives, & liées à la ralingue, correspondent à la même bande de ris. L'une de ces pattes est destinée pour l'amarrage du raban de ris, & c'est à l'autre patte inférieure qu'est attaché le palanquin de ris. Le palanquin de ris sert à élever auprès de la vergue cette partie de la voile qu'on veut soustraire au vent; & après l'action du palanquin de ris, chaque extrémité de la bande de ris correspondante est fixée sur la vergue, par le moyen des rabans de ris. Ces points, des côtés de la voile, étant saisis fortement, alors les garcettes de ris sont employées pour serrer étroitement contre les divers points de la vergue les plis pressés de cette étendue de voile, comprise entre l'envergure & la bande de ris.

Le palanquin de ris est un cordage simple, attaché par un nœud à la patte de ris la plus basse. Cette manœuvre s'éleve jusqu'au bout de la vergue, passe sur un rouet, logé dans l'épaisseur du bout de vergue, prolonge ensuite la vergue jusqu'à une poulie aiguilletée près du milieu de la vergue; & descendant par le trou du chat, elle vient passer sur un rouet des bitons, pour être enfin amarrée à un taquet sur le gaillard. C'est en roidissant ce palanquin de ris qu'on pourroit prendre le troisieme ris ; mais il sert aussi à prendre & le premier & le deuxieme ris séparément, avec la seule attention d'attacher le courant du palanquin à la patte correspondante au ris qu'on se propose de prendre.

Le palanquin de ris n'est pas toujours un simple cordage ; & celui que nous venons de décrire est dans une position si peu avantageuse, qu'on le dispose autrement dans quelques vaisseaux ; il est alors composé d'une itague & d'un garant de palanquin de ris. Cette itague est le palanquin déjà décrit, qui s'éleve jusqu'au dessus du rouet du bout de vergue, par lequel il passe, & porte une cosse à son extrémité. Une poulie simple & à croc, qui est embrassée par le garant du palanquin, accroche dans la cosse de l'itague ; & ce garant, qui fait dormant au chuquet du grand mât de hune, passe dans cette poulie, ainsi que dans une autre poulie, qui est aiguilletée au même chuquet. De là, le palanquin descend par le trou du chat, passe sur un rouet des bitons, & est amarré à un taquet sur le gaillard. Cette seconde maniere de gréer un palanquin de ris est plus commode, & produit des effets plus sûrs ; mais la manœuvre est nécessairement plus lente que lorsque le palanquin est simple.

C'est avec toutes ces manœuvres, qui ont été présentées chacune en particulier, qu'on fait du grand hunier un usage convenable, soit aux circonstances, soit à l'état de la mer & du vent, soit aux desseins du Commandant du bâtiment.

Veut-on déployer cette voile ? les itagues & les drisses servent à élever la vergue de hune jusques à la tête du mât. Les écoutes sont ensuite employées à étendre la voile ou à la border. Lorsque la route exige que le vent frappe la voile obliquement, alors les bras des vergues servent à orienter le hunier, & la bouline du vent sert à mieux présenter la surface de cette voile. Si le grand hunier, ainsi appareillé, est menacé d'un vent dont l'effort mettroit en danger ou le mât ou le vaisseau, alors la surface de cette voile est diminuée suivant l'exigence des cas, en prenant ou un, ou deux, ou trois ris, à l'aide des palanquins, des rabans & des garcettes de ris. Si le vent devient trop fort, on en diminue l'effort, en amenant sur le ton du grand mât la vergue du grand hunier, ce qui se fait en larguant les drisses & les itagues (*a*). Alors la colonne du vent qui frappe la voile, perd de sa hauteur, & l'angle d'incidence est aussi très-diminué. Si enfin on veut supprimer totalement l'effort du grand hunier, on retrousse promptement cette voile, déjà amenée par le moyen de ses cargue-fonds, cargue-points & cargue-boulines ; & lorsque la voile est ainsi pliée, elle est serrée ensuite par le moyen des rabans de ferlage.

La vergue de hune est aussi garnie d'un marche-pied, qui sert à soutenir les matelots employés à serrer la voile. Ce marche-pied est divisé en deux parties, dont chacune correspond à chaque moitié de la vergue. Chacune de ces parties est capelée au bout de la vergue, & leur extrémité est attachée au racage de la même vergue. Ce marche-pied, dans sa longueur, est soutenu par des étriers de même forme que ceux du marche-pied de grande vergue.

Telle est la voile du grand hunier, telles sont ses manœuvres, & tel est leur usage.

La voile du grand perroquet, portée par la vergue & le mât du même nom, est placée au dessus de la voile de grand hunier, & sa forme est aussi celle d'un trapeze. La bordure de cette voile est égale à l'envergure du grand hunier, & son envergure égale la longueur de la vergue de grand perroquet, moins celle de ses taquets. Sa chute est égale à la longueur du mât de grand perroquet, moins la longueur du ton de ce mât.

La forme d'une voile de grand perroquet étant ainsi déterminée, le Voilier travaille à la composer de laizes de toile, de la même maniere qu'il a composé la voile de grand hunier (*Fig.* 22). Les laizes étant cousues ensemble, alors il fait une gaîne autour de la voile, & pratique sur la gaîne d'envergure des œillets distribués comme au grand hunier. Comme cette voile n'a qu'une petite surface, & qu'elle n'est jamais déployée dans les gros temps, elle n'est fortifiée que par ses seules ralingues, qui même ne sont pas fourrées aux points d'écoute. Ces ralingues sont au nombre de trois, dont la grosseur est différente. La ralingue de fond est la plus grosse, & la têtiere est la plus foible : celle-ci se combine avec les ralingues de chute comme au grand hunier & à la grande voile. Cette voile n'a ni bandes de ris, ni pattes de ris, & sa ralingue de chute ne porte que trois pattes de bouline. La plus haute de ces pattes est située un peu au dessus du milieu de la voile ; ensuite, la distance de cette patte au point d'écoute étant divisée en trois parties & demie, on établit entre la premiere patte & la seconde une distance égale à deux parties & demie ; & la troisieme patte est placée ensuite à distances égales & du point d'écoute & de la seconde patte. Ces pattes servent à amarrer les branches de bouline, qui sont disposées comme celles de grande voile. Enfin la ralingue de fond ne porte aucune patte.

La voile de grand perroquet étant ainsi préparée, est enverguée, à l'aide des rabans de pointure, de croisure & d'envergure. Elle est ensuite garnie de manœuvres nécessaires, telles que des écoutes, des boulines & des cargue-points. Chaque écoute est un cordage simple, qui se termine par un œillet ou boucle. Cette boucle est retenue par un cabillot, porté par le point de la voile. On voit la forme de ce cabillot dans la Fig. 22 & la Fig. D.

L'écoute traverse la poulie de bout de vergue du grand hunier, passe dans une poulie aiguilletée sous la même vergue, près du milieu, & descendant par le trou du chat, elle se rend à une poulie de retour, attachée au plat-bord, vis-à-vis le quatrieme hauban ; enfin, elle est amarrée au taquet de ce hauban.

(*a*) Les balancines de la vergue de grand hunier ne sont jamais amarées lorsque le grand hunier est haut ou à la tête du mât. Elles servent seulement à soutenir la vergue amenée sur le ton du bas mât, concurremment avec l'itague & la drisse.

La cargue-point de cette voile eſt auſſi un cordage ſimple, terminé par une boucle, & capelé au cabillot qui eſt au point de la voile. Elle s'éleve enſuite à une poulie aiguilletée au tiers de la longueur de la vergue, &, deſcendant par le trou du chat, elle eſt enfin amarrée au cinquieme hauban du grand mât.

(*Fig.* 28). La bouline gouverne les deux branches de bouline attachées aux trois pattes de la ralingue de chute, & elle eſt placée avec avantage pour bien préſenter au vent la voile du grand perroquet. Cette bouline ſe rend à une poulie aiguilletée au dernier hauban du petit mât de hune; de là elle deſcend par un trou pratiqué dans la hune de miſaine, & elle eſt amarrée au taquet du ſixieme hauban de miſaine.

Comme les mâts de perroquet ont tous une longue fleche, qui domine au deſſus de la vergue de perroquet, quelquefois, & par un beau temps, on fait porter à cette fleche une nouvelle petite voile, nommée voile de perroquet volant. J'ai donné dans l'Art de la Mâture les dimenſions de la vergue de cette voile; ainſi, c'eſt ſuffiſant pour faire connoître l'envergure de ce perroquet, comme la vergue de grand perroquet ſuffit pour déterminer la bordure de cette même voile. Sa chute eſt proportionnée à la hauteur de la fleche.

Cette voile eſt travaillée comme celle du grand perroquet. Elle eſt entourée par deux ralingues, placées comme celles de la grande voile; & ſur ces ralingues il n'y a ni pattes de ris, ni pattes de boulines, ni pattes de cargue-fonds.

Cette voile eſt envergnée comme le grand perroquet; chacune de ſes écoutes eſt amarrée par un nœud ſur le bout de la vergue du grand perroquet, de ſorte qu'on ne cargue point cette voile, mais on amene ſa vergue & on ſerre la voile.

La grande voile, celle du grand hunier, & celles des perroquets, ne compoſent pas encore toute la voilure du grand mât d'un vaiſſeau. Ces voiles décrites ſont bien celles qui, à la mer, ſont employées le plus ordinairement; mais lorſque le temps eſt beau & que le vent eſt très-doux, alors on charge le grand mât & des voiles précédentes & de bonnettes. Ces bonnettes doivent être regardées comme une nouvelle extenſion donnée ſoit à la grande voile, ſoit au grand hunier, ſoit au grand perroquet: car ces trois voiles principales ont chacune, & de chaque côté, une bonnette, dont l'étendue eſt un ſupplément ſouvent utile aux deſſeins du Navigateur.

Chaque bonnette de grande voile a la forme d'un trapeze *a b c d* (*Fig.* 23). L'envergure *a b* eſt parallele à la bordure *d c*, & le côté *a d* eſt preſque perpendiculaire aux deux baſes oppoſées, tandis que l'autre côté *b c* eſt incliné de façon que l'envergure eſt plus petite que la bordure. Le côté *b c* eſt nommé le guindant de la bonnette.

La chute *a d* de cette voile eſt égale au ſix cinquiemes de la chute de grande voile. L'envergure eſt les trois huitiemes de l'envergure de la grande voile, & la bordure *d c* eſt égale aux cinq douxiemes de cette même envergure.

Le Voilier qui veut former cette bonnette, coupe preméirement le nombre de bandes de toiles qui ſont néceſſaires pour compoſer le parallélogramme *a d o b*; enſuite, à ce premier aſſemblage, il joint de nouvelles laizes, taillées pour compléter, par l'étendue *b o c*, la ſurface & la forme entiere de la bonnette.

Cette voile eſt entourée d'une gaîne percée de quelques œillets ſur l'envergure, & elle reçoit un renfort ou doublage aux deux angles inférieurs *d* & *c*. On voit ces doublages dans la Fig. 23; & leur largeur, ainſi que leur hauteur, ſont égales à la largeur de la toile. Le contour de cette voile eſt enſuite fortifié par deux ralingues conſécutives, dont l'une embraſſe la partie *b c d q*, tandis que l'autre regne ſur le reſte *q a b* du contour. Au point *b*, ſes ralingues forment des œillets ſemblables à ceux que la têtiere & la ralingue de chute forment enſemble dans les autres voiles décrites. C'eſt pour faire de tels œillets, au point *a*, que le Voilier coupe la têtiere vis-à-vis de l'angle *a*, afin que les bouts coupés & enlacés enſemble faſſent les œillets néceſſaires.

Cette voile eſt établie ſur un vaiſſeau autrement que les voiles précédentes; & on aura une idée de ſa ſituation, en imaginant que ſa ſurface eſt un prolongement de la grande voile, & qu'elle eſt placée de façon que *a d* ſuit dans ſon cours la direction de la ralingue de chute de la grande voile.

(*Fig.* 24 & 23). La moitié *a z* de l'envergure de cette voile eſt envergnée avec une petite vergue. Une driſſe eſt amarrée au milieu de cette petite vergue; un ſimple cordage ſert de driſſe. Cette driſſe paſſe par une poulie aiguilletée ſur le bout de la grande vergue, ſe rend dans une poulie, placée ſous la même vergue, près de la poulie d'écoute de hune, & deſcend enfin pour être manœuvrée & amarrée à un taquet ſur le gaillard d'arriere, à côté du mât. C'eſt par le moyen de cette driſſe que la bonnette eſt hiſſée, & qu'elle eſt élevée juſqu'à ce que la petite demi-vergue touche le bord inférieur de la grande vergue, ſous laquelle elle vient ſe ranger.

Cette premiere driſſe ne ſuffiroit pas pour étendre la bonnette, & pour la maintenir à la place qui lui eſt aſſignée: c'eſt donc pour ſuppléer à ſon défaut qu'on amarre une ſeconde driſſe à l'autre point *b* de l'envergure. Cette nouvelle driſſe, qui eſt un ſimple cordage, paſſe dans une poulie aiguilletée à l'extrémité du boute-hors de grande vergue; enſuite elle s'éleve à une poulie ſimple à pendant, aiguilletée au ton du grand mât de hune; & deſcendant par le trou du chat, elle eſt enfin amarrée ſur le gaillard d'arriere à un taquet voiſin du mât.

Cette bonnette, déjà fixée par ſes deux driſſes, eſt auſſi retenue par des manœuvres attachées aux points *d* & *c*. Le cordage amarré au point *c*, où il y a un œillet formé par la ralingue, eſt nommé l'amure de la bonnette. Cette manœuvre paſſe dans une poulie aiguilletée au bout de l'arc-boutant, enſuite elle ſe rend ſur l'avant des haubans d'artimon, à une galoche clouée ſur le plat-bord, & elle eſt amarrée

amarrée à un taquet cloué au plat-bord, en dedans du vaisseau.

Cet arc-boutant dont je parle, a été décrit dans l'Art de la Mâture. Il est soutenu par deux haubans, qui sont deux cordages attachés à son extrémité. L'un de ces haubans est arrêté par un apotureau, placé à l'arriere des haubans de misaine, autour duquel il fait plusieurs tours; & le deuxieme hauban se rend à la galoche où passe déjà l'amure de la bonnette, & est amarré sur le gaillard d'arriere à un taquet. Ces haubans, qui servent à maintenir l'arc-boutant dans une position fixe, sont aussi employés à le placer dans tous les cas, parallélement à la grande vergue, afin que, par cet arrangement, le plan de la bonnette soit toujours le prolongement du plan de la grande voile.

Au point *d* de la bonnette de grande voile est aussi frappée une autre manœuvre, nommée l'écoute de la bonnette. Cette écoute, attachée par son milieu au point *d*, a par conséquent deux branches, afin que, suivant la position de la grande voile, une branche puisse porter le point *d* à l'arriere, tandis que l'autre pourroit rappeler le point *d* à l'avant. La branche d'écoute employée, est amarrée au premier taquet commode.

Les deux bonnettes de grande voile, qui sont faites pour être placées de chaque côté de la grande voile, sont parfaitement semblables; ainsi la description que nous venons de donner regarde l'une & l'autre bonnette.

Les bonnettes de grand hunier, qui sont aussi au nombre de deux, & qui se placent aux deux côtés du hunier, different un peu, par leur forme, des bonnettes basses précédemment décrites (*Fig.* 25). L'envergure *a b* de l'une quelconque de ces bonnettes, placée sur le vaisseau, est horizontale; mais les autres côtés *c d* & *b d* sont inclinés à l'horizon. La chute *a c* de cette bonnette est égale aux $\frac{17}{36}$ de la chute du grand hunier; l'envergure est le quart de celle du grand hunier, & la bordure *c d* est égale à l'envergure de la bonnette de grande voile. Cette bordure *c d* est inclinée, & la forme de cette bonnette est celle d'un quadrilatere. Ainsi, pour composer cette voile, les laizes de toile augmentent de longueur successivement depuis le côté *a c*, en approchant de *b d*. Les laizes nécessaires pour former l'étendue de cette voile, & sous la forme désignée, étant cousues, & cet assemblage étant entouré d'une gaîne qui porte des œillets le long de l'envergure, alors des ralingues, au nombre de trois, & de grosseurs différentes, achevent de donner à cette voile la solidité convenable. La plus grosse ralingue embrasse *b d c s*, & la plus petite est la têtiere qui regne le long de *a b*. Celle-ci est réunie aux ralingues latérales en *a* & *b*, où elle forme des œillets, & les deux autres ralingues sont épissées ensemble au point *c*.

Cette voile préparée, est établie sur le vaisseau, au dessus de la bonnette de grande voile: elle est placée & à côté du grand hunier, & dans le plan de cette voile. Le côté *a b* est envergué à une petite vergue par des rabans, & sur le milieu de cette vergue est amarrée une drisse, nommée drisse de bonnette. Cette manœuvre, destinée à élever la vergue de bonnette & cette voile, passe dans une poulie attachée au bout de la vergue du grand hunier, se rend à une poulie aiguilletée sur la vergue, près de la poulie d'itague, & de là, descendant par le trou du chat sur le gaillard d'arriere, elle traverse une poulie de retour, & est amarrée à un taquet.

Au point *d*, nommé le point d'amure, on attache l'amure de la bonnette. Cette manœuvre destinée à mouvoir le point *d* de la bonnette, passe dans une poulie amarrée à l'extrémité du boute-hors de grande vergue, se rend au couronnement du vaisseau pour traverser une galoche clouée sur le plat-bord, & est amarrée à un taquet cloué sur la dunette.

On attache de même au point *c* une manœuvre qui est nommée l'écoute de la bonnette; elle passe dans une poulie aiguilletée sur la grande vergue, à quelque distance de son extrémité, & elle se rend dans la hune où elle est amarrée aux haubans.

Quelquefois les bonnettes du grand hunier ont deux pattes & deux branches de boulines, avec une bouline qui est roidie & amarrée dans la hune de misaine. Ces bonnettes étant gréées de cette maniere, reçoivent le nom de bonnettes à l'Angloise.

La voile du grand perroquet est aussi, dans les beaux temps, augmentée de l'étendue de deux bonnettes égales & placées de chaque côté de cette voile. Les dimensions d'une bonnette de grand perroquet sont, à l'égard de celle de la voile du grand perroquet, dans le rapport qui regne entre les dimensions des bonnettes de grand hunier, & celle de la voile de grand hunier: leur forme est la même; mais ces bonnettes ne sont ceintes que par deux ralingues consécutives.

Lorsqu'on veut établir une bonnette de perroquet, le côté *a b* est attaché à une petite vergue, au milieu de laquelle est amarrée une drisse. Cette drisse passe dans une poulie fixée au bout de la vergue du grand perroquet, & descend ensuite dans la grande hune où elle est amarrée.

L'amure de la bonnette, frappée au point *d*, se rend aussi dans la hune, après avoir traversé une poulie amarrée à l'extrémité du boute-hors de la vergue de grand hunier; & l'écoute attachée au point *c* est encore amarrée dans la hune, après avoir traversé une poulie qui est aiguilletée sur la vergue du grand hunier, à quelque distance du bout de cette vergue.

La voilure du grand mât d'un vaisseau, en comptant toutes les voiles qu'il peut porter dans les plus beaux temps, est donc composée de dix voiles, qui sont la grande voile, la voile du grand hunier, le grand perroquet, le perroquet volant, les deux bonnettes basses, les deux bonnettes du grand hunier, & les deux bonnettes du grand perroquet. Il est sans doute très-rare de voir à la mer toutes ces voiles déployées en même temps; car il faut, pour cet effet, un concours de circonstances favorables qu'il n'est pas facile d'obtenir, & il est à remarquer qu'un vaisseau ne porte jamais que les bonnettes du vent. Les voiles du grand mât employées le plus ordinairement, font la grande voile, le grand hunier, & on y joint quelquefois le grand perroquet; ce qui ne se fait que lorsque le temps est beau, & le vent peu violent : car, quelque fort que soit le grand mât d'un vaisseau, il soutiendroit difficilement l'effet d'une si grande voilure, si le vent agissoit un peu vivement sur les voiles.

Le nombre des voiles dont peut être chargé le mât de misaine, est égal au nombre des voiles du grand mât. Ses voiles sont distinguées entr'elles de la même façon, & toutes taillées sous une forme à peu près semblable. Le bas-mât porte une voile basse, nommée la misaine, qui peut être accompagnée de deux bonnettes placées chacune de chaque côté de cette voile. Le petit mât de hune soutient une voile nommée le petit hunier, à laquelle on donne deux bonnettes; le petit mât de perroquet porte le petit perroquet avec deux bonnettes; & enfin au dessus du petit perroquet, est le petit perroquet volant.

La description de la voilure du mât de misaine n'aura pas la même étendue que la description de la voilure du grand mât, parce que plusieurs observations & remarques déjà faites, sont applicables aux voilures de l'un & l'autre mât; néanmoins les détails où je dois entrer seront encore assez nombreux, d'autant plus que je ne peux me dispenser de faire connoître séparément les dimensions, la forme & le travail des voiles, ainsi que leurs manœuvres, la maniere de les gréer, & la position déterminée de chacune.

La voile de misaine est portée par la vergue de misaine (*Fig. 26*). Son envergure est égale à la longueur de cette vergue comprise entre ses taquets. Cette voile a moins de chute au milieu que sur les côtés. Sa chute au milieu est calculée comme l'est celle de la grande voile; mais sa chute latérale excede l'autre de quelques pieds, proportionnellement à l'abaissement du bout du minot, au dessous du gaillard d'avant.

Ce minot est une espece de boute-hors fixé sur le plancher de la poulaine d'un vaisseau, & saillant entre l'étrave & le bossoir; il porte à son extrémité une poulie dans laquelle passe l'amure de misaine. Ainsi, puisque, la misaine étant bien amurée, le point de cette voile doit venir toucher la poulie du minot, puisque d'ailleurs le bout du minot est placé au dessus du niveau du gaillard, il devient nécessaire que la chute latérale de la misaine soit plus grande que la chute mesurée au milieu. D'ailleurs, comme on ne pourroit donner une trop grande saillie au minot, sans nuire à la solidité de son établissement, on a été obligé de restreindre cette suite, & de lui donner des bornes qui obligent par conséquent de rendre la bordure de misaine plus petite que son envergure; sans cette précaution, jamais la misaine amarrée ne seroit aussi tendue qu'elle doit l'être. Cette différence de l'envergure à la bordure est aisément établie par le Voilier, qui a soin de donner aux coutures qui réunissent les laizes composantes de la voile, une largeur plus grande auprès de la bordure, & plus petite au haut de la voile, en faisant diminuer graduellement cette largeur, depuis la bordure jusqu'à l'envergure.

Lorsque le Voilier a cousu les laizes de toile qui doivent former la misaine, il entoure cet assemblage d'une gaîne, & place des renforts sur différentes parties de cette voile. Le premier renfort est une laize cousue latéralement auprès de la gaîne, & qui regne de chaque côté du haut au bas de la voile. Le Voilier met un second renfort qui a la largeur de la toile, & qui, placé à côté du premier, s'étend depuis la bordure jusques au milieu de la voile. Un troisieme doublage est encore placé de chaque côté auprès du deuxieme renfort, & s'éleve depuis la bordure jusqu'au quart de la chute latérale de la voile. La *Fig. 26* présente l'ordre & l'étendue de ces doublages. On y voit aussi des morceaux de toile placés vis-à-vis différens points de la bordure, auxquels correspondent les pattes de cargue-fond. Ces renforts partiels sont semblables à ceux de la grande voile, & semblablement placés; ils sont aussi en même nombre. Le Voilier coud aussi une bande de ris, à une distance de l'envergure, égale au quart de la chute. Dans cette bande, il y a des œillets, ainsi que dans la gaîne d'envergure, & ces œillets sont distribués & travaillés comme ceux de chaque bande de ris du grand hunier.

Autour de cet assemblage de laizes bien fortifiées, on coud deux ralingues successives. Elles sont moins grosses que celles qui regnent autour de la grande voile; mais elles sont disposées de la même façon, & fortifiées également aux mêmes endroits. Chaque ralingue latérale porte aussi une patte de ris; mais elle n'a que deux pattes de bouline. La plus haute patte de bouline correspond au milieu de la chute, & la deuxieme patte est placée à distances égales de la premiere patte & du point d'écoute. Des pattes de cargue-fond, en même nombre & de même forme que celles de la grande voile, sont distribuées de la même maniere sur la ralingue de fond de misaine.

Cette voile ainsi préparée, est ensuite enverguée comme l'a été la grande voile. Deux rabans de pointure & de croisure servent à fixer sur le bout de la vergue les deux coins supérieurs de la voile, & des rabans d'envergure unissent à la vergue tous les autres points correspondans de l'envergure (*Fig. 1 & 2*).

Les points inférieurs de cette voile, ou les œillets de la ralingue reçoivent un assemblage des poulies d'écoute & d'amure, qui sont réunies & placées comme celles qui sont aux points d'écoute de la grande voile; chacun de ces points d'écoute porte aussi une poulie de cargue-point.

L'écoute *z a t* (*Fig. 13*) de misaine, qui passe dans la poulie du point, fait dormant sur le contour extérieur du vaisseau, près des porte-haubans du grand mât; & le courant, après avoir traversé la poulie d'écoute *a*, se rend à une galoche *t*, placée dans l'épaisseur du bord, au dessous du passe-avant, rentre ainsi dans l'intérieur du vaisseau pour être manœuvrée aisément, & ensuite elle est amarrée à un taquet de lançage.

Chaque cargue-point de misaine est placée comme celles de grande voile, & ces cargues, après avoir suivi une route semblable, sont amarrées au premier hauban de misaine.

La bouline de misaine ne gouverne qu'une seule branche de bouline (*Fig. 27*). Cette manoeuvre passe dans une poulie aiguilletée sur le beaupré, entre les deux étais de misaine ; elle revient ensuite sur elle-même, traverse un des rouets du ratelier de beaupré, & elle est amarrée à un des montans du coltis.

La cargue-bouline fait dormant à la patte de bouline la plus basse, & en s'élevant vers la vergue, elle passe dans un margouillet porté par la deuxieme patte de bouline. Cette cargue suit le même cours que la cargue-bouline de grande voile, & elle est amarrée à un taquet cloué au pied du mât de misaine, c'est-à-dire, près du gaillard.

Les cargue-fonds de misaine sont disposées comme celles de grande voile, excepté que les itagues de ces cargue-fonds, au lieu de revenir en avant du mât de misaine, passent en arriere de ce mât. Les cargue-fonds sont aussi en arriere du mât de misaine, & s'amarrent au fronteau du gaillard d'avant.

Il seroit superflu de redire ici l'usage de toutes ces manoeuvres qui accompagnent la misaine ; semblables par leur nom à celles de la grande voile, elles font aussi les mêmes fonctions.

Comme le petit mât de hune est égal au grand mât de hune, de même aussi la voile du petit hunier a l'étendue & la forme du grand hunier. Ces voiles sont faites de toile de même espece. Les laizes qui composent l'une & l'autre sont en même nombre, ainsi que les bandes de ris dont la position est la même. Cependant les ralingues latérales ne portent, dans le petit hunier, que trois pattes de bouline, placées comme celles du grand perroquet.

Les manoeuvres, telles que les cargue-fonds, cargue-points & cargue-boulines, sont disposées & amarrées semblablement à celles du grand hunier. L'écoute du petit hunier est attachée, & court comme l'écoute du grand hunier ; elle passe sur un rouet des bitons, en avant du mât de misaine, & elle est amarrée à ces bitons.

La bouline gouverne deux branches de boulines arrangées comme celles du grand perroquet (*Fig. 28*) ; elle passe sur un rouet d'une poulie à trois rouets, qui est attachée au bout du bâton de foc, & revenant ensuite sur elle-même (*Fig. 1 & 2*), elle passe sur un rouet de ratelier de beaupré, & elle est amarrée à un montant du coltis.

La voile du petit perroquet n'est pas entiérement égale à celle du grand perroquet ; ses dimensions sont calculées comme celles du grand perroquet, c'est-à-dire, d'après la vergue & le mât qui portent cette voile. D'ailleurs, elle est travaillée & préparée entiérement de la même maniere. Elle reçoit aussi les mêmes manoeuvres, qui sont semblablement placées, excepté la bouline dont le courant se rend au bout du bâton de foc, pour traverser une cosse aiguilletée à l'estrope d'une poulie à trois rouets qui y est attachée ; & de là cette manoeuvre descend pour passer par le ratelier du beaupré, & pour venir s'amarrer à un montant du coltis.

La voile du petit perroquet volant est parfaitement semblable à celle du grand perroquet volant, & ses manoeuvres sont disposées dans le même ordre.

La misaine est accompagnée dans le beau temps de deux bonnettes. Chacune de ces voiles a une chute égale aux $\frac{4}{5}$ de celle de misaine. Quant à leur envergure & à leur bordure, elles sont calculées d'après les mêmes rapports qui ont servi à déterminer les dimensions des bonnettes de grande voile. Une bonnette de misaine est d'ailleurs travaillée de même, & sous la même forme que celles de grande voile : elle est établie sur un vaisseau d'une maniere à peu près égale. La différence consiste en ce que son envergure n'est pas attachée à une demi-vergue, & qu'au lieu d'être déployée par un arc-boutant, elle l'est à l'aide d'un tangon qui en fait fonction. Les deux points supérieurs d'une bonnette de misaine sont retenus chacun par une drisse. La drisse, qui est attachée au point de la voile qui est la plus en dehors du vaisseau, passe dans une poulie amarrée à l'extrémité du boute-hors ; elle s'éleve ensuite pour traverser une poulie à pendeurs aiguilletée au ton du petit mât de hune, & descendant par le trou du chat, elle se rend à une poulie de retour, accrochée à un piton au pied du mât de misaine, & enfin elle est amarrée à un taquet.

La drisse frappée sur l'autre point supérieur de la voile, traverse une poulie qui est aiguilletée sur la vergue de misaine, à quelques pieds de distance des taquets de la vergue. Elle se rend ensuite à une poulie aiguilletée sur la même vergue auprès des poulies de drisse, & descendant à une poulie de retour, accrochée à un piton près du mât de misaine, elle traverse cette poulie, & va s'amarrer à un taquet.

L'amure de cette bonnette qui tient à un de ses points inférieurs, passe dans la poulie amarrée à l'extrémité du tangon, se rend à la galoche qui sert au passage de l'écoute de misaine, & va s'amarrer à un taquet cloué au plat-bord, près du passe-avant.

L'écoute de la bonnette est attachée par le milieu au point inférieur de cette voile, & la branche employée est amarrée au premier taquet convenable.

Le tangon, tel qu'il a été décrit dans l'Art de la Mâture, est une espece de vergue qui n'est pas arrondie, mais qui est à huit faces. Elle est fixée sur le gaillard par des bouts de corde. Son extrémité saillante hors du vaisseau est soutenue par un palan à croc, dont le pendeur est attaché autour du mât de misaine. Le croc de ce palan accroche une cosse portée par un cordage qui embrasse le tangon en un point situé au tiers de la saillie extérieure.

Les bonnettes du petit hunier sont semblables à celles du grand hunier, & tout gréé de la même maniere. Il en est de même des bonnettes du petit perroquet comparées à celles du grand perroquet : drisses, écoutes, amures, tout est placé de même, & ses manoeuvres sont amarrées dans la hune de misaine.

Le mât d'artimon, qui a des dimenſions bien inférieures à celles du grand mât & du mât de miſaine, porte auſſi une voilure moins conſidérable. La voile ſoutenue par le bas-mât d'artimon eſt bien différente des voiles baſſes, des autres mâts, non ſeulement par ſa forme, mais auſſi par ſa poſition. Le plan de la voile d'artimon eſt placé dans le ſens de la longueur du vaiſſeau; & ſa forme eſt celle d'un trapeze, dont les baſes paralleles ſont placées verticalement.

C'eſt l'emploi qu'on fait de cette voile qui a rendu néceſſaire la poſition qu'on lui donne; car c'eſt par un tel arrangement qu'elle devient très-utile pour faciliter les évolutions d'un vaiſſeau. Comme cette voile eſt placée en arriere, & à une grande diſtance du centre de gravité, lorſqu'elle eſt déployée & qu'elle reçoit l'impulſion du vent, elle agit ſur le vaiſſeau avec la plus grande énergie, & le fait venir au vent avec beaucoup de vivacité.

On voit dans la *Fig.* 29, la forme de l'artimon. Le côté *s q* de la voile regne le long du bas-mât d'artimon, & on calcule ſa longueur, en ſouſtrayant, de toute l'élévation de ce mât au deſſus de la dunette, deux fois & demie la longueur du ton de ce mât.

Le côté *m q*, nommé l'envergure, eſt égal au $\frac{7}{11}$ de la longueur totale de la vergue d'artimon.

Le côté *r s* ou la bordure eſt égale à la diſtance du mât au couronnement du vaiſſeau, en retranchant cependant quelques pieds de cette diſtance. Enfin *m r*, qui eſt la chute de cette voile, eſt d'une longueur égale à *q s* plus $\frac{1}{5}$ de l'envergure *m q*.

Le Voilier calcule, d'après la bordure de cette voile, le nombre des laizes qui doivent compoſer ſon étendue, en tenant compte dans ce calcul, & de la largeur de la gaîne, & de la largeur d'un pouce qu'on donne aux coutures. Le Voilier, après avoir aſſemblé les laizes, perce des œillets le long de l'envergure, de façon qu'il y en ait deux ſur chaque laize. Cette voile reçoit enſuite pluſieurs renforts. Le premier, qui a pour largeur la demi-largeur de la toile, regne depuis *q* juſqu'en *s*. Le deuxieme renfort eſt placé au point d'écoute; il a une demi-laize de largeur, & il regne depuis le point d'écoute juſques au deſſus de la bande de ris. Cette bande de ris, formée d'une demi-laize, eſt placée horizontalement à une diſtance de la bordure égale au quart de *q s*. Cette bande d'ailleurs a des œillets diſtribués comme ceux des bandes de ris des huniers.

Trois ralangues de différentes groſſeurs embraſſent le contour entier de cette voile. La plus groſſe regne ſur toute la bordure, & s'éleve de chaque côté juſqu'à la bande de ris, en formant un œillet à chaque angle inférieur de la voile. Une ralingue plus petite s'éleve enſuite de chaque côté depuis la bande de ris juſqu'à l'envergure. Et enfin la têtiere fortifie l'envergure, & elle eſt réunie par les extrémités aux ralingues latérales, en formant, comme dans les autres voiles, deux œillets correſpondans aux angles ſupérieurs de cette voile. La partie de la ralingue de fond, qui forme le point d'écoute, eſt fourrée, & l'œillet eſt armé d'une coſſe. L'œillet du point d'amure, ſans être fourré, porte auſſi une coſſe.

Sur chaque bouline latérale, & vis-à-vis la bande de ris, le Voilier établit une patte de ris. Il attache auſſi pluſieurs petites pattes à diſtances égales ſur la longueur de la ralingue.

La voile d'artimon eſt enverguée par des rabans de pointure, de croiſure & d'envergure, afin de l'établir ſolidement; le côté *q s* eſt lacé avec le mât d'artimon, par le moyen d'un cordage, qui, par pluſieurs tours, embraſſe ſucceſſivement & le mât d'artimon & chaque patte attachée ſur la ralingue latérale. Ce cordage fait dormant ſur la patte la plus haute de cette ralingue. Le point d'amure *S* eſt enfin amarré fortement au mât par une aiguillette qui paſſe dans la coſſe du point & autour du mât, & les tours de l'aiguillette ſont enſuite bridés par de nouveaux tours qu'on fait paſſer entre le mât & la coſſe.

Le point d'écoute *r* porte une coſſe, & on borde cette voile en accrochant dans cette coſſe le croc d'une poulie dans laquelle paſſe un cordage nommé l'écoute d'artimon. Cette écoute fait dormant à l'eſtrope d'une ſeconde poulie correſpondante qui tient au couronnement du vaiſſeau. Cette écoute traverſant ſucceſſivement ces deux poulies, ſert à les rapprocher l'une de l'autre, & par conſéquent à border l'artimon. Elle eſt amarrée à un taquet cloué au couronnement.

La voile d'artimon porte un grand nombre de cargues diſpoſées différemment de celles des autres voiles (*Fig.* 1). Ces cargues ſont diſtribuées de chaque côté du plan de cette voile. Cinq cargues attachées à la ralingue *m r* correſpondent à une des faces du plan de la voile, & cinq autres cargues attachées aux mêmes points de la ralingue de chute regardent l'autre face du même plan. Ces dix cargues ont une de leur extrémité épiſſée ſur la ralingue de chute. Les points *a*, *b*, *d*, *e*, *f*, indiquent le lieu de chaque paire de cargues. La cargue qui fait dormant au point *a* de la ralingue, s'éleve obliquement vers la vergue, & paſſe dans une poulie *a'*. Il en eſt de même des autres cargues qui paſſent auſſi dans des poulies correſpondantes, aiguilletées ſur la vergue. Les deux paires de cargues les plus élevées qui paſſent dans les poulies *a'*, *b'*, deſcendent de ces poulies pour être amarrées à un taquet cloué ſur le plat-bord. Les trois autres paires de cargues, après avoir traverſé les poulies *d''*, *e'*, *f'*, ſuivent la direction de la vergue, & deſcendent ainſi pour venir paſſer dans des poulies à trois rouets, aiguilletées auprès du point de ſuſpenſion de la vergue d'artimon; enſuite ces cargues ſont amarrées à un taquet cloué au mât d'artimon, près de la dunette.

Ces cargues en action replient la voile auprès de la vergue.

Les œillets de la bande de ris de cette voile ne ſont garnis de garcettes qu'au moment où le vent force de prendre le ris.

Cette voile, quoique deſtinée à être toujours placée

placée dans le sens de la longueur du vaisseau, s'écarte cependant de cette position, suivant l'exigence des cas. Les ours d'artimon peuvent rappeler ou la vergue à stribord ou à bâbord du bâton de pavillon, & l'écoute peut être en même temps portée sur l'un ou l'autre bord. C'est en variant ainsi la situation de cette voile, qu'on peut favoriser plus ou moins l'évolution d'un vaisseau.

Au dessus de la voile d'artimon est placée la voile du perroquet de fougue, qui, par la forme & la maniere dont elle est travaillée, ressemble beaucoup aux huniers. Elle a la figure d'un trapeze (*Fig.* 30): sa bordure est égale à la longueur de la vergue-lêche, comprise entre les taquets, en soustrayant de cette grandeur $\frac{1}{44}$ de la longueur de cette vergue. Son envergure est donnée par la longueur de la vergue de perroquet de fougue, & sa chute est calculée d'après la longueur du mât qui soutient cette voile, comme la chute des huniers a été déterminée d'après les dimensions des mâts de hune.

Les laizes qui composent cette voile sont taillées, cousues & dispersées comme celles des huniers : leur assemblage reçoit un tablier & des renforts semblables. Ses ralingues sont aussi en même nombre, & arrangées de la même maniere. Cette voile cependant ne porte que deux bandes de ris. La plus basse correspond au tiers de la chute, à compter de l'envergure, & l'autre bande est placée à distances égales de la premiere & de l'envergure. Les ralingues latérales ne portent donc que deux pattes de ris ; elles n'ont aussi que trois pattes de bouline, placées comme celles des perroquets ; les pattes des cargue-fonds sont en même nombre que celles des huniers, & disposées de même.

Cette voile est enverguée comme toute autre voile décrite. L'écoute passe dans la poulie du bout de vergue, traverse une poulie aiguilletée sur le milieu de cette vergue, & descend pour être amarrée à un taquet sur la dunette.

Le point de cette voile porte aussi une poulie de cargue-point. La cargue qui embrasse cette poulie fait dormant sur la vergue en un point éloigné du milieu de cette vergue de la demi-largeur de la hune d'artimon. Le courant de la cargue, après avoir passé dans la poulie du point, revient traverser une poulie aiguilletée près du dormant de la cargue, s'éleve à une poulie aiguilletée au ton du mât, & descendant par le trou du chat, cette cargue est enfin amarrée au taquet du troisieme hauban d'artimon.

Les branches de bouline ressemblent à celles des perroquets. La bouline qui les gouverne, par exemple, la bouline qui est attachée au côté stribord de la voile, se rend au dernier hauban de bâbord du grand mât, pour traverser une poulie aiguilletée sur ce hauban près du trelingage, & elle va s'amarrer au taquet du deuxieme hauban du même mât. La bouline de bâbord se rend à stribord, & est amarrée au taquet du deuxieme hauban de stribord.

Les rabans de ris, les palanquins de ris & les garcettes sont disposées comme aux huniers. Le palanquin est amarré à un taquet sur la dunette.

Les cargue-fonds arrangées comme celles de huniers, sont amarrées de chaque côté au taquet du quatrieme hauban d'artimon.

La voile de perruche placée au dessus du perroquet de fougue, a des dimensions qui sont calculées d'après les mêmes rapports qui servent à déterminer celles du grand & du petit perroquet ; elle est composée & travaillée comme les autres voiles, & elle est enverguée par des rabans pareils : son écoute, qui est un cordage simple, est capelé à un cabillot porté par le point de cette voile. Le courant traverse une poulie capelée au bout de la vergue de perroquet de fougue, se rend à la poulie double, où passe le palanquin au milieu de la vergue, & descendant par le trou du char, cette écoute est amarrée au taquet du dernier hauban.

La voile d'artimon est quelquefois accompagnée d'une bonnette nommée bonnette d'artimon. Quelques Marins se contentent souvent de faire servir à sa place une bonnette de grand hunier : mais d'autres emploient une bonnette faite exprès pour la voile d'artimon, & pour la place qu'elle doit occuper (*Fig.* 31). Sa forme est celle d'un quadrilatere ; sa chute *a b* est égale à celle de l'artimon ; son envergure *a c* est le tiers de sa chute, & sa bordure *b o* est égale à la moitié de cette même chute ; le côté *c o* est nommé le guindant de la bonnette.

Le nombre des laizes composantes est calculé d'après l'envergure ; & lorsqu'elles sont réunies, on ajoute à ce premier assemblage, du côté du guindant, des laizes en nombre nécessaire, & de forme convenable pour compléter l'étendue *a b o c* de la voile. La gaîne faite, ainsi que les œillets, sur la gaîne de l'envergure, cette voile est ceinte par deux ralingues appelées bout à bout. La premiere ralingue embrasse *a b o c*, & la têtiere regne le long de *a c*. Il y a à chaque coin de la voile des œillets qui sont formés par les ralingues.

Cette voile est enverguée à une petite vergue presque informe, & qui n'est autre chose qu'un morceau d'espare ; au milieu de cette espece de vergue est attachée une drisse servant à hisser la bonnette qui doit être suspendue au bout de la vergue d'artimon. La drisse passe dans une poulie fixée au bout de cette vergue, & de là elle descend pour être amarrée à un taquet cloué au couronnement.

Une espece de boute-hors est ensuite employé à déployer la bordure de la bonnette. Ce boute-hors saisi par des cordages sur la dunette, est saillant hors du vaisseau. L'amure de la bonnette passe dans une poulie attachée au bout du boute-hors, & elle est amarrée sur la dunette au premier taquet convenable.

L'écoute de cette bonnette fixée au point *b*, est amarrée en dedans du vaisseau à un taquet. Ce boute-hors, dont on peut changer la position à volonté, sert à placer le plan de la bonnette sous une obliquité telle qu'elle peut être exigée par les circonstances.

Le perroquet de fougue a aussi deux bonnettes : leurs dimensions sont calculées comme celles des bonnettes de huniers, & il me reste à dire la position de leurs manœuvres. La drisse qui est amarrée sur le milieu de la vergue d'une de ces bonnettes, passe dans une poulie amarrée au bout de la vergue de perroquet de fougue ; elle se rend ensuite à une poulie simple aiguilletée près du milieu de cette vergue, & descendant par le trou du chat, elle est amarrée au taquet du troisieme hauban d'artimon.

L'amure traverse la poulie amarée à l'extrémité du boute-hors de la vergue-lèche, se rend à une galoche clouée sur le plat-bord près du couronnement, & s'amare à un taquet voisin.

L'écoute qui est amarrée au point par un nœud, passe dans une poulie aiguilletée au quart de la longueur de la vergue-lèche, & vient s'amarrer dans la hune d'artimon.

Le mât de beaupré & son boute-hors portent chacun une voile nommée civadiere & contre-civadiere. La premiere est enverguée sur la vergue de civadiere, & la seconde à la vergue de bâton de foc.

La civadiere a la forme d'un parallélogramme rectangle (*Fig.* 32); l'envergure & la bordure égales entre elles, ont une longueur donnée par celle de la vergue de civadiere diminuée de celle des taquets: sa chute est égale à la moitié de son envergure.

Cette voile est travaillée comme les autres voiles; mais elle ne reçoit aucun doublage, elle est ceinte par deux ralingues. La premiere (*Fig.* 32). embrasse *b d c a*, & la têtiere fortifie l'envergure. Il y a des œillets aux quatre coins de cette voile.

Le Voilier coud sur cette voile deux bandes de ris qui se croisent & qui forment ensemble une espece de sautoir. La premiere bande regne depuis le point de pointure de stribord jusqu'à un point du côté de bâbord de cette voile, & situé aux $\frac{1}{4}$ de la chute, en comptant cette distance depuis l'envergure. L'autre bande de ris croise la premiere de bâbord à stribord ; & dans une position semblable sur ces bandes, le Voilier perce des œillets qui sont distribués comme dans les huniers.

Les bandes de ris, placées si différemment dans la civadiere, ont aussi un usage bien différent de celui des bandes de ris des autres voiles. Celles-ci sont imaginées pour aider à soustraire au vent une partie de l'étendue de la voile, & les bandes de ris de la civadiere sont destinées pour un autre objet. On aura une idée de leur usage, si on examine dans quelle situation est placée cette voile lorsque sa vergue est brassée sur l'un ou l'autre bord. On verra qu'alors la vergue d'abord horizontale, devient inclinée à l'horizon lorsqu'elle est brassée, & que dans cette position, un de ces points inférieurs doit plonger nécessairement dans l'eau de la mer. Il faut donc, pour obvier à cet inconvénient, que la voile soit retroussée du côté où elle trempe dans la mer, & que sa bordure devienne de nouveau horizontale, malgré la situation inclinée de sa vergue ; par conséquent, la bande de ris ne peut avoir qu'une situation inclinée à l'horizon, & elle ne peut pas être parallele à l'envergure comme dans les autres voiles.

Malgré ces précautions, cette voile est toujours si près de la mer, qu'elle reçoit souvent de l'eau dans les fonds ; c'est pourquoi le Voilier perce dans cette voile *L*, auprès de sa bordure, trois grands trous, un auprès de chaque point d'écoute, & l'autre au milieu. Ces trous servent à l'écoulement de l'eau que les vagues de la mer jettent dans la voile, & par ce moyen la voile, la vergue ni le mât ne sont surchargés du poids de cette eau qui peut tomber souvent & en grande quantité dans le fond de la civadiere.

Chaque ralingue latérale porte donc une patte de ris. Des pattes de cargue-fond sont aussi distribuées sur la ralingue de bordure, comme sur les ralingues des huniers.

La civadiere est enverguée comme les autres voiles. Ses points d'écoute portent chacun une poulie lourde *L*, nommée tête de moine, à cause de sa forme (*Fig.* E.). Elle est retenue & attachée au point inférieur par la queue de l'estrope qui est terminée en cul de porc. L'écoute qui passe dans cette poulie fait dormant, & est amarrée aux montans du coltis.

Cette voile n'a ni boulines, ni cargue-boulines ; mais elle est gréée de cargue-points & cargue-fonds. La cargue-point est un cordage simple amarré au point de la voile. Elle s'éleve du point à une poulie aiguilletée au tiers de la longueur de la vergue, se rend au ratelier de beaupré qu'elle traverse, & vient s'amarrer à un montant du coltis.

Les cargue-fonds gréées comme celles des huniers, sont amarrées aux montans du coltis.

La contre-civadiere a la forme d'un trapeze ; sa chute est celle du perroquet de fougue ; sa bordure est réglée sur la vergue de civadiere, & son envergure est déterminée par la vergue de contre-civadiere. S'il y a quelque rapport établi entre cette voile & celle du perroquet de fougue, c'est que celle-ci doit, dans l'occasion, être remplacée par la premiere.

Cette voile n'a ni renforts, ni pattes : elle est entourée par trois ralingues successives, disposées comme celles du perroquet de fougue. Elle n'a pas de cargue-fonds, mais ses points d'écoute sont garnis d'une écoute & d'une cargue-point.

L'écoute passe dans une poulie capelée au bout de la vergue de civadiere, & elle vient s'amarrer à un montant du coltis. La cargue-point passe dans une poulie aiguilletée sur la vergue de contre-civadiere, & est amarrée à un montant du coltis.

Ces deux voiles qui composent la voilure du mât de beaupré, ne sont pas employées aussi fréquemment que les voiles des autres mâts, car elles sont placées peu avantageusement. Si le vaisseau court vent arriere, la misaine & la grande voile empêchent le vent de frapper sur la surface de ces voiles, & s'il court obliquement à la quille, alors ces voiles brassées sous le vent font nécessairement un effet de peu de conséquence ; mais si le mât de beaupré soutient seul & immédiatement cette foible voilure (*Fig.* 1 & 2), il partage aussi avec le mât de misaine l'effort & le poids d'autres voiles triangulaires placées entre ces deux mâts, dans la direction des étais, & qui sont, pour les évolutions d'un vaisseau, de la plus grande nécessité. C'est maintenant de ces voiles triangulaires qu'il reste à parler. Comme elles semblent appartenir en même temps à deux mâts à la fois, j'en ai réservé la description jusqu'au moment où j'aurois fait connoître les voiles qui ne dépendent que d'un seul mât.

Les voiles qui sont placées entre le beaupré & le mât de misaine, sont au nombre de trois, & sont nommées focs. Il y a aussi entre le mât de misaine & le grand mât, des voiles qui tiennent à l'un & à l'autre mât. Pareilles voiles sont aussi établies entre le grand mât & le mât d'artimon. Celles-ci prennent le nom général de voiles d'étais, parce que ces voiles placées & déployées dans le sens de la longueur du vaisseau, suivent dans leur développement la direction des étais.

Je vais commencer par faire connoître les focs, parce que de toutes les voiles d'étais, non seulement elles sont les plus utiles, mais aussi parce qu'elles sont employées plus souvent & presque toujours avec succès, à cause de leur éloignement du centre de gravité, pour faire arriver un vaisseau.

Aucune vergue ne sert ni à déployer, ni à soutenir ces voiles triangulaires. Les focs, comme nous l'avons déjà dit, sont placés entre les mâts de misaine & de beaupré. Ils sont au nombre de trois, distingués par les noms de petit foc, contre-foc, & grand foc.

Soit représenté le petit foc par le triangle *a b c*, (*Fig.* 33). Lorsque cette voile est déployée, le côté *a b* suit la direction de l'étai du petit mât de hune. La chute *a c* de cette voile est perpendiculaire à la bordure *c b*; *a c* est d'une longueur qui excede de quelques pieds la chute de la misaine, & la bordure *b c* est égale aux $\frac{3}{4}$ de cette chute.

Le Voilier compose cette voile de laizes, dont le nombre est calculé sur l'étendue de la bordure, & dont la longueur est bornée par la position déterminée du guindant ou de l'hypothénuse *a b*. L'assemblage de ces laizes est fortifié par un doublage placé à chaque angle de la voile. Chacun de ces doublages a la longueur de la toile; celui du point d'écoute a une aune de hauteur.

La gaîne qui entoure la voile, est garnie d'œillets le long du guindant, & sur chaque laize le Voilier perce un œillet, ensuite le foc est ceint de deux ralingues. L'une embrasse la partie *o c b a m*, en formant des œillets à chaque angle du foc, & la ralingue de chute épissée avec les extrémités de la premiere, regne de *o* en *m*. Le point d'écoute est fourré, & le Voilier place auprès de l'angle *a* de la voile un cabillot parallele à la bordure, & qui sert à maintenir cette voile étendue au sommet, lorsqu'elle est hissée le long du faux étai du petit mât de hune. Ce cabillot est maintenu dans cette situation par la ralingue de chute & celle du guindant, qui traversent en *q* & en *f* ce cabillot percé de deux trous pour le passage de ces ralingues.

Chaque œillet de la gaîne du guindant reçoit ensuite une bague de fer, dont la forme est *a b d*, (*Fig.* 34). Cette bague est ouverte en *f*, & c'est par cette ouverture qu'elle est passée dans l'œillet; ensuite, dans cette position, les deux branches *b a* & *b d* sont réunies par un aiguilletage; & chaque bague est fixement attachée au guindant du foc. C'est dans ces bagues qu'on fait passer le faux étai du petit mât de hune; de sorte qu'en tirant sur le sommet du foc & dans la direction de l'étai, le guindant de cette voile se développe, & s'étend, dans toute sa longueur, sur le faux étai qui fait alors fonction de vergue, car il soutient le poids de la voile déployée. Le cordage qui sert à hisser le foc le long de l'étai, est nommé la drisse du petit foc. Cette drisse, qui est amarrée au sommet *a* du foc, s'éleve jusqu'au ton du petit mât de hune, passe dans une galoche placée à stribord du mât, & descend sur le gaillard pour y être manœuvrée & amarrée enfin à un taquet cloué au fronteau du gaillard d'avant.

Le point *b* de cette voile, nommé le point d'amure, est solidement attaché à un piton fiché dans le mât de beaupré entre les violons, & cette voile, retenue ainsi par l'étai, la drisse & le point d'amure aiguilleté, est ensuite tendue ou bordée par une écoute attachée au point *c* de cette voile. Cette écoute est un cordage simple, dont le milieu est fixé dans l'œillet *c* du petit foc. Ainsi l'écoute a deux branches qui servent à mouvoir commodément vers stribord ou bâbord le point d'écoute du foc. Chaque branche employée à border le foc, traverse une poulie aiguilletée au plat-bord près du coltis, auprès de laquelle elle est amarrée.

On voit par l'établissement du petit foc, & par le lieu qu'occupe cette voile, que l'impulsion du vent sur cette voile est soutenue en partie par le beaupré, & en partie par le petit mât de hune & son faux étai (*Fig.* 1 & 2). On doit remarquer que le centre d'effort de cette voile doit être entre les deux mâts de beaupré & de misaine.

Les manœuvres dont nous avons parlé servent à déployer & à border la voile; mais il en est d'autres qui sont employées pour amener le foc & le soustraire à toute impulsion du vent.

Il est vrai que, dans la position de cette voile, il suffiroit pour l'amener, de larguer la drisse & défiler l'écoute, si le frottement permettoit à la pesanteur de cette voile & de ses manœuvres de produire tout son effet : car alors le guindant de la voile devroit glisser le long du faux étai; mais cet obstacle a trop d'énergie, & on accélere la descente du foc par un cordage nommé calebas, qui est attaché au sommet *a* du foc. Ce calebas descend à travers les bagues du guindant, passe dans une poulie aiguilletée au point d'amure, & se rend sur le gaillard, où en la roidissant on fait descendre ou on amene le petit foc.

Le grand foc est aussi de forme triangulaire, plus grand que le petit foc; il est placé en un lieu plus élevé au dessus de la mer (*Fig.* 33). Sa chute *a c* est égale à la longueur totale du grand mât de hune; sa bordure est égale au tiers de sa chute, plus au tiers de la chute du grand hunier. Il est travaillé par le Voilier de la même maniere que le petit foc, & ses doublages ont seulement un peu plus de hauteur. Il y a des œillets percés dans la gaîne du guindant; mais le Voilier n'en forme pas auprès des angles supérieur & inférieur de cette voile; deux ralingues disposées comme celles du petit foc, embrassent tout le contour de la voile.

Le grand foc établi & déployé sur un vaisseau, n'est pas porté par un étai comme le petit foc, mais par un cordage particulier, nommé draille, qui suit la direction des étais, & qui tient aux deux mâts de misaine & de beaupré. Cette draille passe dans les anneaux attachés à divers points du guindant du grand foc : une extrémité de cette draille s'éleve au ton du petit mât de hune, & elle passe dans une galoche aiguilletée au ton de ce mât & à bâbord. Elle descend ensuite dans la hune de misaine, où elle est amarrée après avoir été roidie à l'aide d'un palan. L'autre extrémité de la draille est attachée à un grand anneau de fer, nommé rocambeau. Le boute-hors de beaupré passe dans cette bague, qui a la liberté de glisser le long de ce boute-hors. Cette facilité de glisser dans ce rocambeau, est d'ailleurs augmentée par le soin qu'on prend de garnir le contour de ce rocambeau de petits anneaux, qui, par leur mobilité, diminuent les effets du frottement & de la pression qui pourroient s'opposer, soit à sa descente, soit à son élévation (*Fig.* 35).

Le grand foc est hissé le long de cette draille à l'aide d'une drisse attachée au sommet de la voile. Cette drisse passe dans une galoche aiguilletée au ton du petit mât de hune, & pendante à stribord de ce mât. Elle descend ensuite sur l'arriere du mât de misaine, pour être amarrée à un taquet cloué au fronteau du gaillard d'avant.

Le point d'amure *b* est aiguilleté avec le rocambeau; ainsi, il n'y a d'autre mouvement que celui de cet anneau, & par conséquent, il ne s'éloigne jamais du boute-hors, qui même porte souvent le nom de bâton de foc, parce qu'il soutient & ce foc & le contre-foc.

L'écoute du grand foc est double comme celle du petit foc, & par les mêmes raisons, cette voile étant bordée à stribord ou à bâbord, son écoute passe à stribord ou à bâbord, dans une poulie aiguilletée au platbord près du coltis, & elle est amarrée au premier taquet placé convenablement.

Le grand foc est garni d'un calebas qui sert à l'amener, & cette manœuvre est disposée comme le calebas du petit foc. Il y a aussi un autre calebas qui sert à faire remonter le rocambeau le long du bâton de foc. Cette manœuvre, assez mal nommée, est attachée au rocambeau; elle passe sur un rouet placé à l'extrémité du boute-hors, & vient se rendre sur le gaillard d'avant, où elle est retenue par un montant du coltis.

Entre le petit foc & le grand foc, on établit sur un vaisseau un troisieme foc, nommé contre-foc; il est de forme semblable aux autres focs, travaillé de la même façon, & gréé de manœuvres pareilles. Sa chute est égale à la longueur du grand mât de hune, & sa bordure est à peu près la même que celle du grand foc.

Cette voile n'est pas établie comme les deux autres focs; elle n'est portée souvent ni par une draille, ni par un étai, & elle est déployée uniquement à l'aide de sa drisse, de son amure & de son écoute. Sa drisse s'éleve au ton du petit mât de hune, passe dans une galoche placée à bâbord de ce mât, & descend pour être amarrée au fronteau du gaillard d'avant. L'amure est attachée à un rocambeau, qui est un anneau de corde embrassant le bâton de foc comme le rocambeau du grand foc : le cordage qui forme le rocambeau, porte plusieurs pommes enfilées qui servent à le faire glisser plus facilement le long du boute-hors.

L'écoute de ce foc est double, & la branche employée est amarrée au premier taquet placé convenablement. Ce foc est aussi amené à l'aide d'un calebas disposé comme celui des autres focs.

L'intervalle qui regne entre le grand mât & le mât de misaine peut être couvert de voiles, suivant le temps & les circonstances. Ces voiles sont placées dans le sens de la longueur du vaisseau, & suivant la direction des étais. Cette position leur a fait donner le nom de voiles d'étais. Les voiles de cette espece, qui sont établies entre les deux grands mâts, sont au nombre de quatre. La plus basse est nommée la grande voile d'étai; les autres portent les noms de voile d'étai du grand mât de hune, contre-voile d'étai, & voile d'étai du grand perroquet. L'ordre que j'ai suivi, en les nommant, annonce l'ordre dans lequel elles sont placées les unes au dessus des autres à bord d'un vaisseau.

(*Fig.* 33). La grande voile d'étai est triangulaire. Sa chute *a c* est égale à celle de la grande voile, en y ajoutant la longueur de la moitié du ton du grand mât. Sa bordure est à peu près égale à la distance du grand mât au mât de misaine. Cette voile est travaillée comme le petit foc, & porte des œillets sur la gaîne du guindant : un doublage placé à chaque angle, fortifie ces parties de la grande voile d'étai. Le doublage cousu au point d'écoute, a pour largeur celle de la toile, & sa hauteur est de quelques pieds. Celui du point d'amure & du point supérieur sont formés de deux laizes assemblées & bornées dans leur hauteur par le guindant de cette voile. Les deux ralingues dont cette voile est ceinte, sont disposées comme aux focs, & le point d'écoute est fourré.

Sur un vaisseau, la grande voile d'étai est hissée le long d'une draille, dont une extrémité terminée par une boucle, est aiguilletée au grand étai, au dessus de la pomme de cet étai, tandis que le courant de la draille qui passe dans une poulie simple, aiguilletée au mât de misaine, au dessous du grand collier, est roidie & retenue par un palan frappé à l'autre extrémité. Cette draille traverse par conséquent toutes les bagues du guindant de la voile. On hisse la grande voile d'étai, à l'aide d'une drisse, qui, fixée au point supérieur de la voile, s'éleve à une poulie aiguilletée à un traversin au dessus de la hune, &

descend

descend ensuite pour être amarrée à un taquet du grand mât près du gaillard.

Le point d'amure de cette voile est attaché au taquet de bosse sur le gaillard d'avant.

Le point d'écoute porte une cosse, dans laquelle on accroche un palan, qu'on emploie à border cette voile. Ce palan est amarré à un piton qui est dans la coursive, & il agit soit à stribord, soit à bâbord, selon que le point d'écoute doit être porté de l'un ou de l'autre bord. Cette voile est amenée par le moyen d'un calebas disposé comme celui des focs.

La voile d'étai de hune qui est placée immédiatement au dessus de la grande voile d'étai, a la forme d'un trapeze tel que *a b c d* (*Fig.* 36). Sa chute arriere *a b* est égale aux $\frac{1}{4}$ de celle du grand hunier ; la hauteur *d c*, qu'on peut nommer sa chute avant, est égale à deux fois le ton du grand mât, & sa bordure *b c* est égale aux $\frac{17}{14}$ de la distance des deux grands mâts. Cette voile travaillée comme la précédente, est fortifiée d'un doublage aux quatre coins. Elle est ceinte par deux ralingues successives; la premiere embrasse le contour *s d c b q*, & l'autre regne sur *q a s*. Ces ralingues forment des œillets à chaque angle, & celui du point d'écoute est fourré.

C'est le long du faux étai du grand mât de hune qu'est déployé le guindant de cette voile. Cet étai traverse toutes les bagues du guindant, & une drisse sert à hisser cette voile. Cette drisse passe dans une galoche aiguilletée au ton du grand mât de hune, & à stribord de ce mât. Elle descend par un trou fait dans la plate-forme de la hune, pour aller traverser une poulie amarrée sur le gaillard d'arriere, & pour être amarrée à un taquet près des bitons.

Le point *d* qui est nommé le point d'amure supérieur, est amarré à l'estrope de la poulie du faux étai. L'amure inférieure est un bout de corde qui passe dans la cosse portée par l'œillet *c* de la voile, & qui attache ce point au collier du grand étai.

L'écoute de cette voile est à deux branches. La branche employée passe dans un des trois rouets d'une galoche clouée sur le plat-bord du gaillard d'arriere, & elle est ensuite amarrée à un taquet cloué sur le plat-bord auprès du passe-avant. Cette voile est enfin amenée par le moyen d'un calebas.

Au dessus de cette voile d'étai est une autre voile nommée contre-voile d'étai. Semblable à la précédente, sa chute *a b* est égale à celle du grand hunier, en y ajoutant la moitié du ton du grand mât de hune, la chute avant *c d* est d'une longueur égale à une fois & demie le ton du grand mât; & sa bordure est un peu moindre que celle de la voile d'étai de hune. D'ailleurs, celle-ci est travaillée comme la précédente.

Etablie dans le vaisseau, cette voile est portée par une draille, dont une extrémité est amarrée sur un rocambeau ou un anneau de cordes garni de pommes enfilées, & qui embrasse le petit mât de hune; l'autre extrémité de la draille s'éleve au ton du grand mât de hune, passe dans une galoche amarrée à bas-bord du ton de ce mât, & descend pour être amarrée à un taquet sur le gaillard d'arriere.

Une drisse sert à hisser cette voile. Le courant de cette manœuvre passe dans un rouet de la galoche placée à bas-bord du ton du grand mât de hune; ensuite elle descend pour passer dans une poulie de retour, aiguilletée à un piton sur le gaillard d'arriere, où elle est amarrée à un taquet.

Le point d'amure supérieur est aiguilleté au rocambeau, & le point d'amure inférieur est amarré sur le capelage du mât de misaine.

Cette voile est bordée par une écoute à deux branches; & la branche employée passe dans la même galoche où se rend celle de la voile d'étai de hune, pour être ensuite amarrée à un taquet cloué au plat-bord : un calebas est employé pour amener cette voile.

Au dessus de la contre-voile d'étai, on établit encore une voile qui est nommée voile d'étai de grand perroquet. Souvent sa forme est triangulaire, & plus souvent elle ressemble aux deux voiles qui viennent d'être décrites (*Fig.* 36). Alors sa chute *a b* est égale aux $\frac{4}{7}$ de la chute du grand perroquet. La chute avant est égale à la longueur du ton du grand mât de hune; & sa bordure est égale à la demi-distance du grand mât & de celui de misaine.

Cette voile, travaillée comme les précédentes, ne reçoit cependant aucun doublage, & elle n'est entourée que par une seule ralingue.

Sur le vaisseau, cette voile est portée par l'étai du grand perroquet qui traverse toutes les bagues du guindant. La drisse qui sert à hisser cette voile, passe dans une poulie ou dans une cosse amarrée à l'étai du grand perroquet près du ton de ce mât, & de là, descendant par le trou du chat, elle est amarrée à un taquet cloué au grand mât près du gaillard.

Le point d'amure supérieur de cette voile est attaché à la poulie d'étai du grand perroquet, & le point d'amure inférieur est attaché au dessous de cette même poulie, & au courant descendant de l'étai du grand perroquet.

L'écoute qui est à deux branches, passe dans un rouet de la galoche clouée sur le plat-bord du gaillard d'arriere, & elle est amarrée à un taquet cloué sur le plat-bord près du passe-avant.

On amene aussi cette voile à l'aide d'un calebas.

Deux voiles d'étai sont aussi établies dans l'intervalle qui regne entre le grand mât & le mât d'artimon. La plus basse est nommée voile d'étai d'artimon, & l'autre plus élevée est la voile d'étai de perroquet de fougue.

(*Fig.* 33). La voile d'étai d'artimon est triangulaire : sa chute *a c* est égale à la longueur du côté de la voile d'artimon qui est lacée avec le mât, en y ajoutant celle du ton de ce mât. La bordure *c b* est égale à la distance du grand mât, au mât d'artimon. Cette voile, travaillée comme les autres voiles d'étai, reçoit un doublage à chaque coin, & porte des œillets le long du guindant. Elle est ceinte par deux ralingues successives; l'une embrasse *a c b r*, & l'autre plus foible regne sur le reste du contour.

(*Fig.* 1 & 2). Cette voile est portée par une draille, dont une extrémité est amarrée au dessus de la pomme d'étai d'artimon, tandis que l'autre extrémité, après avoir traversé une poulie aiguilletée au grand mât au dessus de l'étai d'artimon, est amarrée à l'estrope de la même poulie.

Une drisse sert à hisser cette voile; elle passe dans une poulie aiguilletée près du ton du mât d'artimon & sur l'étai de ce mât; de là, cette manœuvre descend pour être amarrée sur la dunette.

Le point d'amure de cette voile est attaché par une aiguillette autour du grand mât, au dessous de l'étai d'artimon.

L'écoute de cette voile est simple, & elle s'amarre à un taquet cloué près du plat-bord. Comme elle est simple, elle sert à porter le point de la voile, suivant les circonstances, soit à stribord, soit à bâbord. Cette voile est amenée à l'aide d'un calebas.

La voile d'étai du perroquet de fougue est placée au dessus de la voile d'étai d'artimon; elle a la forme d'un trapeze *a b c d* (*Fig.* 36). Sa chute *a b* est celle du perroquet de fougue, augmentée de la longueur du ton du grand mât. La chute *d c* est égale à la longueur du ton du grand mât, & sa bordure est égale aux $\frac{1}{4}$ de la distance du grand mât au mât d'artimon.

Cette voile, qui est travaillée comme les autres voiles d'étai, reçoit comme elles pareils doublages; mais elle n'est entourée que par une seule ralingue, dont les bouts sont épissés ensemble au point *R*.

Etablie sur un vaisseau, elle est portée par l'étai du perroquet de fougue qui traverse les bagues attachées au guindant de cette voile.

La drisse qui sert à hisser cette voile, passe dans une poulie aiguilletée à l'étai près du ton (*Fig.* 1 & 2); de là, elle descend par le trou du chat pour être amarrée à un taquet cloué sur la dunette.

Le point d'amure supérieur est fixé sur l'estrope de la poulie d'étai, & le point d'amure inférieur est attaché sur l'étai d'artimon.

Le point d'écoute porte une écoute simple qui est amarrée au premier hauban d'artimon, soit à stribord, soit à bâbord, selon que la voile est bordée à l'un ou à l'autre bord.

C'est ici que se terminent enfin les détails nombreux, relatifs soit à la construction des voiles, soit à leur établissement sur un vaisseau; & si, d'un coup d'œil, on embrasse tous les objets présentés dans cette description, on aura une idée de la voilure totale d'un vaisseau. J'ai donc fait connoître jusqu'à présent tous les moyens propres à transmettre à un bâtiment l'action du vent quelconque; mais je ne dois pas me borner à ces seuls détails, & si j'ai décrit les moyens dont on se sert pour mettre un vaisseau en mouvement, je ne dois pas moins donner une idée de la façon dont ces moyens sont employés. Auparavant, je dirai en peu de mots comment, dans un port, une rade, un vaisseau peut être retenu flottant sur le même point de la mer, malgré les flots, les vents & les courans.

Un vaisseau doit-il rester flottant & sans mouvement sur la surface de la mer, soit qu'il attende pour son départ le retour d'un vent favorable, soit qu'il cherche à se soustraire à la fureur d'un coup de vent, soit enfin qu'il doive mettre un terme à sa route? il faut alors qu'on emploie de nouveaux moyens pour le retenir dans un lieu fixe, malgré tous les efforts du vent & de la mer pour le mettre en mouvement: ces moyens sont les ancres. L'Art de faire les ancres (*Fig.* 37 & 38), publié par l'Académie, ne me laisse rien à dire sur cet objet. J'ajouterai seulement qu'un vaisseau de guerre armé convenablement, est pourvu de six ancres, c'est-à-dire, de quatre grosses ancres égales, & de deux petites ancres à jet. La force de ces ancres est proportionnée à celle du vaisseau.

Les grosses ancres d'un vaisseau doivent peser autant de fois cent vingt livres qu'il y a de pieds dans la largeur de ce vaisseau; & les ancres à jet sont d'un poids un peu moindre que la moitié du poids des premieres. Deux de ces ancres sont établies chacune sous chaque bossoir lorsque le vaisseau est à la mer; la troisieme, nommée ancre de veille, est placée le long de bord, de façon que sa patte soit en arriere des porte-haubans de misaine, & la quatrieme est dans la cale au grand paneau. Les ancres à jet font équilibre avec l'ancre de veille, étant placée sur le bord opposé.

Lorsqu'on veut retenir un vaisseau flottant & immobile sur le même point de la mer, on étalingue le bout d'un cable à l'organeau de l'ancre; on laisse tomber l'ancre sur le fond de la mer, on file du cable autant que l'exigent les circonstances, & le cable est ensuite amarré autour des bittes dans l'intérieur du vaisseau. La patte de l'ancre s'engage nécessairement dans le fond de la mer, & la résistance plus ou moins grande qu'elle trouve dans la qualité du fond, fait que le vaisseau est retenu plus ou moins sûrement dans la même place. Les cables destinés à unir pour ainsi dire le vaisseau avec son ancre, ont tous cent vingt brasses de longueur, & leur circonférence proportionnée à la force du vaisseau, a autant de fois six lignes qu'il y a de pieds dans le maître bau. Aujourd'hui cette grosseur adoptée précédemment, vient d'être diminuée d'un dixieme, parce qu'on a trouvé que, faits d'après cette regle générale, les cables étoient trop volumineux, & qu'ils tendoient avec trop d'avantage à soulever l'ancre mouillée.

L'ancre qui est traversée près du bossoir de stribord, & qui est ordinairement mouillée la premiere, tient à un cable composé de trois cables réunis bout à bout par des épissures. La grande longueur de ce cable devient sur-tout nécessaire lorsqu'un vaisseau est mouillé au milieu d'une mer orageuse; car alors il est aussi agité que la mer qui l'environne, & ses grands mouvemens contribueroient bientôt à dégager la patte de l'ancre qui le retient, si le cable trop court transmettoit à l'ancre les mouvemens aussi rapides qu'irréguliers de ce vaisseau. C'est pourquoi, dans ces circonstances, on éloigne considérablement le vaisseau de son ancre, en filant jusqu'à deux cents, & même jusqu'à trois cents brasses de cable, & alors les oscillations du vaisseau, quelque grandes qu'elles soient, ne produisent plus sur l'ancre trop éloignée, qu'un effet insensible, qui est encore diminué par la souplesse & l'élasticité du cable.

L'ancre traversée sous le bossoire de bâbord, n'a qu'un seul cable, & elle est nommée ancre d'affourche. L'ancre de veille a un cable composé de deux cables épissés par leur extrémité.

Des grelins sont destinés pour les ancres à jet, & leur grosseur est la moitié de celles des cables.

Je terminerai cet article par deux Tables qui nécessairement en font partie. L'une est celle des dimensions de toutes les manœuvres qui servent à la garniture d'un vaisseau, & la seconde présentera les dimensions des ancres de différens poids. J'y joindrai aussi un état de toutes les poulies qui font partie du gréement d'un vaisseau, avec quelques remarques sur la force & la forme de leur estrope.

La premiere Table ne présente d'autres résultats que les rapports des longueurs & des grosseurs des manœuvres à la longueur du maître bau d'un vaisseau; elle renferme les proportions de quelques manœuvres dont on a déjà parlé à la fin de l'Art de la Mâture; mais cet inconvénient ne m'a pas arrêté, & j'ai pensé qu'on me pardonneroit cette répétition, en faveur de la généralité de cette Table qui embrasse toutes les manœuvres d'un vaisseau quelconque.

La seconde Table donne précisément les dimensions en pieds & pouces des différentes parties d'une ancre dont le poids est déterminé, & sert d'argument à cette Table.

Enfin, l'état qui termine cet article n'est autre chose que l'énumération des poulies de toutes especes qui sont employées pour gréer un vaisseau. On trouvera d'ailleurs à l'article Poulie, tous les détails qui peuvent faire connoître & leur forme variée, & les dimensions de toutes leurs parties.

TABLE

DES DIMENSIONS des différentes manœuvres qui font partie du gréement d'un Vaisseau.

NOMS DES MANŒUVRES.	Longueur.	Grosseur.
MAT D'ARTIMON.	*Baux.*	*de Bau.*
Pendeur de candelettes	1 0	1/84
Haubans doubles	2 1/4	1/84
Rides pour haubans	7/8	1/156
Etai	1 1/4	1/72
Garant de candelettes	5 1/4	1/108
Drisse	6 1/8	1/108
Batard de racage	1	1/312
Enflechures pour les haubans des deux côtés	25	1/288
Quenouillettes	0 1/12	1/84
Gambes de hune	7/12	1/168
Martinet pour la hune	5	1/432
Rides pour ce martinet	1/4	1/432
Martinet pour la vergue	6	1/168
Branches pour martinet	1/3	1/168
Drisse de flamme	4	1/144
Cargues de l'arriere de la voile d'artimon	2	1/252
Cargues du milieu	1 1/4	1/168
Cargues de l'avant	1 1/2	1/168
Ours	2	2/144
Ecoute	3 1/4	2/144
Suspente pour la vergue	1 1/2	11/1144
Estrope de la poulie de drisse à trois rouets	1/8	2/108
Estrope de la poulie à deux rouets	4/8	2/108

SUITE DES MANŒUVRES DU MAT D'ARTIMON.

NOMS DES MANŒUVRES.	Longueur.	Grosseur.	
	Baux.	*de Ban.*	
Aiguillettes pour *idem*.	1/2	1/48	
Garant de palan de drisse.	4	1/192	
Garant de palan d'amure.	1 1/3	1/216	
Suspente pour la vergue.	1 1/2	15/1344	
Quarantenier pour envergure.	15	1/288	*Lignes.*
Ligne pour amarrage.	29		16
Ligne pour ralingue.	1 1/2		10
Merlin pour ralingue.	1		5
Merlin pour amarrage.	14		5
Bittord pour fourrure.	312		10
Ralingue de fond.	3	6/48	
Ralingue de têtiere.	2	1/216	
Fil à voile.	70		12
Voile d'Étai d'Artimon.			
Itague ou draille.	1	1/144	
Rides pour l'itague.	3/4	1/252	
Drisse.	2 1/2	1/168	
Amure.	1/2	1/216	
Ecoute.	3/4	1/192	
Ralingue.	1 2/3	1/168	
Têtiere.	1 1/18	1/168	
Vergue seche.			
Bras de vergue de fougue.	3 1/14	1/216	
Balancines.	3 1/2	1/216	
Moustaches.	1	1/120	
Rides pour moustaches.	7/8	1/216	
Suspente.	1 1/4	1/108	
Perroquet de fougue.			
Haubans doubles.	2 1/3	1/156	
Rides pour haubans.	3/4	1/252	
Galhaubans doubles.	4 1/3	1/144	
Etai.	1 1/8	1/120	
Rides pour les galhaubans.	3/4	1/252	
Rides pour étai.	7/8	1/216	
Itague.	2	1/156	
Drisse.	7	1/216	
Batard de racage.	3/4	1/216	
Marchepied.	1	1/116	
Etriers.	1/3	1/168	
Bras.	4 1/4	1/240	
Balancines.	3	1/120	
Ecoutes.	3 1/2	1/120	
Enflechures pour les deux côtés.	10	1/348	
Cargue-points.	3 1/2	1/252	
Cargue-fonds.	3 1/2	1/192	
Boulines.	3	1/192	

Pattes

SUITE DES MANŒUVRES DU MAT D'ARTIMON.

NOMS DES MANŒUVRES.	Longueur.	Grosseur.	
	Baux.	*de Bau.*	
Pattes de boulines	$\frac{2}{3}$	$\frac{1}{216}$	
Saisines	$1\frac{1}{4}$	$\frac{1}{240}$	
Estrope de poulie	$\frac{1}{3}$	$\frac{1}{162}$	
Ralingue	$4\frac{1}{4}$	$\frac{1}{216}$	
Têtiere	$\frac{7}{8}$	$\frac{1}{288}$	*Lignes.*
Ligne pour rabans de vergue	3		10
Ligne pour amarrage	13		10
Merlin pour ralingue	4		5
Bitord pour fourrure	134		10
Voile d'étai de perroquet de fougue.			
Amure	$\frac{1}{2}$	$\frac{1}{216}$	
Drisse	$2\frac{1}{2}$	$\frac{1}{216}$	
Calebas	$2\frac{1}{4}$	$\frac{1}{252}$	
Ecoute	$1\frac{1}{3}$	$\frac{1}{216}$	
Ralingue	$1\frac{1}{3}$	$\frac{1}{216}$	
Têtiere	$\frac{7}{8}$	$\frac{1}{288}$	
GRAND MAT.			
Pendeurs	$1\frac{1}{3}$	$\frac{1}{72}+\frac{16}{252}$	
Haubans doubles	$3\frac{1}{2}$	$\frac{1}{72}+\frac{1}{252}$	
Rides pour les haubans doubles	1	$\frac{17}{1728}$	
Collier d'étai	$2\frac{1}{4}$	$\frac{1}{48}+\frac{1}{108}$	
Etai	$2\frac{1}{2}$	$\frac{1}{48}+\frac{1}{108}$	
Rides d'étai	4	$\frac{17}{1728}$	
Faux étai	$2\frac{1}{2}$	$\frac{1}{132}$	
Collier de faux étai	$2\frac{1}{4}$	$\frac{1}{144}$	
Rides de faux étai	2	$\frac{1}{144}$	
Garant de caliorne	$8\frac{1}{2}$	$\frac{1}{96}$	
Garant de candelettes	$6\frac{1}{4}$	$\frac{1}{120}$	
Drisse à l'Angloise	9	$\frac{1}{378}$	
Enflechures pour les deux côtés	50	$\frac{1}{252}$	
Quenouillettes	$\frac{1}{8}$	$\frac{1}{72}+\frac{1}{252}$	
Trelingage sous la hune	9	$\frac{1}{252}$	
Gambes doubles pour la hune	1	$\frac{1}{252}$	
Martinet pour l'araignée	8	$\frac{1}{288}$	
Rides pour l'araignée	$\frac{7}{8}$	$\frac{1}{288}$	
Suspente de palan d'étai	$2\frac{3}{4}$	$\frac{1}{108}+\frac{1}{108}$	
Cartaheu pour étai	5	$\frac{1}{156}$	
Garant de palan d'étai	7	$\frac{1}{120}$	
Garant de bredindin	$5\frac{1}{2}$	$\frac{1}{164}$	
Pendeurs pour *idem*	$\frac{1}{2}$	$\frac{1}{108}$	
Marche-pied pour la vergue	$2\frac{1}{2}$	$\frac{1}{108}$	
Ride pour *idem*	$\frac{7}{8}$	$\frac{1}{216}$	
Etrier	$\frac{1}{4}$	$\frac{1}{120}$	
Bras	6	$\frac{1}{120}$	
Faux bras	5	$\frac{1}{120}$	
Balancines	$6\frac{1}{2}$	$\frac{1}{120}$	

SUITE DES MANŒUVRES DU GRAND MAT.

NOMS DES MANŒUVRES.	Longueur.	Grosseur.	
	Baux.	*de Bau.*	
Ecoute	6	1/84	
Fausse écoute	4 1/2	1/84	
Ecouets en bressin	6 1/8	7/252	
Cargue-point	6	1/120	
Cargue-fond	4	1/144	
Cargue-bouline	4	1/168	
Boulines	3 1/2	1/120	
Pattes pour boulines	1/2	1/120	
Suspente pour la vergue	2 1/2	1/108 + 1/156	
Herse pour *idem.*	1/3	1/108 + 1/156	
(*a*) Pantoquiere			
Garant de palan d'amure	3 1/2	1/216	
Garant de palan de bouline	3 1/2	1/156	
Garant de palan à fouet	3 1/2	1/156	
Garant de palan de roulis	5	1/120	
Garant de palan de bout de vergue	5 1/2	1/48	
Pendeurs pour *idem.*	1/2	1/84	
Pendeurs doubles pour palan du mât	1 1/2	1/72 + 1/252	
Pendeurs de poulie de drisse à l'Angloise	1 1/3	1/72 + 1/252	
Estrope de la poulie de drisse sur vergue	7 1/4	1/96	
Estrope pour poulie d'écoute de hune	1/8	1/108 + 1/156	
Estrope pour poulie sous vergue	1/8	1/156	
Aiguillette pour *idem*	1/2	1/192	
Quarantenier pour envergure	18	1/252	
Quarantenier pour amarrages	20	1/252	
Ralingue	4 1/4	1/216	
Têtiere	2 1/4	1/192	*Lignes.*
Ligne pour amarrage	150		10
Ligne pour ralingue	7		10
Merlin pour amarrage	67		10
Merlin pour ralingue	11		5
Bitord pour fourrure & amarrage	700		10
Bitord pour fourrure de ralingue	52		10
Fil à voile	97		2
Grande voile d'étai.			
Draille	1 1/2	1/120	
Ride pour la draille	7/8	1/216	
Amure	1/2	1/168	
Drisse	4	1/120	
Ecoute	1 1/4	1/156	
Ralingue	2 1/4	1/156	
Têtiere	2	1/216	
Bonnettes de grande voile.			
Hauban d'arc-boutant	3 1/2	1/216	

(*a*) La pantoquiere a une longueur qu'on détermine en multipliant les trois quarts de la largeur du vaisseau par le nombre des haubans.

SUITE DES MANŒUVRES DU GRAND MAT.

NOMS DES MANŒUVRES.	Longueur.	Grosseur.
	Baux.	*de Bau.*
Amure	2 $\frac{1}{2}$	$\frac{1}{144}$
Drisse	3 $\frac{1}{2}$	$\frac{1}{120}$
Ecoute	1 $\frac{1}{2}$	$\frac{1}{192}$
Balancine d'arc-boutant	3 $\frac{1}{2}$	$\frac{1}{108}$
Ralingue	2 $\frac{1}{4}$	$\frac{1}{192}$
GRAND HUNIER.		
Guinderesse	10	$\frac{1}{108}+\frac{1}{144}$
Pendeurs doubles pour candelettes	1 $\frac{1}{8}$	$\frac{1}{96}$
Haubans doubles	3	$\frac{1}{96}$
Ride pour hauban	$\frac{7}{8}$	$\frac{1}{168}$
Galhaubans doubles	5 $\frac{1}{4}$	$\frac{15}{1344}$
Etai	3	$\frac{1}{120}$
Ride pour l'étai	2 $\frac{1}{3}$	$\frac{1}{144}$
Ride pour les galhaubans doubles	$\frac{7}{8}$	$\frac{1}{156}$
Faux galhaubans	3	$\frac{15}{1344}$
Ride pour *idem*	$\frac{7}{8}$	$\frac{1}{216}$
Ride de faux étai	$\frac{7}{8}$	$\frac{1}{216}$
Garant de candelettes	6 $\frac{1}{2}$	$\frac{1}{192}$
Itague double	3 $\frac{1}{2}$	$\frac{7}{96}$
Estrope de poulie d'itague	$\frac{1}{12}$	$\frac{1}{84}$
Drisse	10 $\frac{1}{2}$	$\frac{1}{132}$
Fausse drisse	8	$\frac{1}{36}$
Batard de racage	2 $\frac{1}{2}$	$\frac{1}{144}$
Enflechures pour ces deux côtés	35	$\frac{1}{288}$
Marche-pied pour la vergue	1 $\frac{1}{4}$	$\frac{1}{144}$
Ride pour *idem*	$\frac{7}{8}$	$\frac{1}{288}$
Etriers	$\frac{1}{3}$	$\frac{1}{168}$
Bras	6 $\frac{1}{2}$	$\frac{1}{144}$
Faux bras	5	$\frac{1}{144}$
Balancines	6 $\frac{1}{2}$	$\frac{1}{144}$
Ecoutes	4 $\frac{1}{2}$	$\frac{1}{108}+\frac{1}{168}$
Cargue-point	6 $\frac{1}{2}$	$\frac{1}{144}$
Cargue-fond	5 $\frac{1}{3}$	$\frac{1}{156}$
Cargue-bouline	5	$\frac{1}{216}$
Bouline	4 $\frac{1}{4}$	$\frac{1}{144}$
Pattes de bouline	$\frac{1}{2}$	$\frac{1}{144}$
Itague de palanquin de ris	1 $\frac{1}{3}$	$\frac{1}{210}$
Palanquin de ris	7	$\frac{1}{192}$
Garant de palanquin de ris	7	$\frac{1}{192}$
Garant de palan de bouline	3 $\frac{1}{2}$	$\frac{1}{216}$
Garant de palan de roulis	2	$\frac{1}{192}$
Saisine	4	$\frac{1}{180}$
Estrope de poulies		
Quarantenier pour envergure	12	$\frac{1}{288}$
Quarantenier pour amarrage	20	$\frac{1}{288}$
Ralingue pour les deux côtés	2 $\frac{1}{8}$	$\frac{1}{144}$

SUITE DES MANŒUVRES DU GRAND HUNIER.

NOMS DES MANŒUVRES.	Longueur.	Grosseur.	
	Baux.	*de Bau.*	
Ralingue de fond	2 3/4	1/108	
Têtiere	1 1/3	1/216	*Lignes.*
Ligne pour amarrage	102		10
Ligne pour ralingue	6		10
Merlin pour ralingue	5		5
Bitord pour fourrure & amarrage	400		10
Bitord pour fourrure de ralingue	30		10
Voile d'étai du grand Hunier.			
Amure	1/2	1/156	
Drisse	3 1/2	1/144	
Ecoute	2 1/2	1/144	
Calebas	3	1/192	
Ralingue	2 1/4	1/168	
Têtiere	1	1/252	
Bonnettes du grand Hunier.			
Amure	6	1/168	
Drisse	8	1/168	
Ecoute	2 1/2	1/192	
Ralingue	2 1/4	1/192	
Grand Perroquet.			
Haubans doubles	1 1/3	1/192	
Ride pour *idem*	2/3	1/288	
Galhaubans doubles	7	1/168	
Ride pour *idem*	7/8	1/252	
Etai	3 1/2	1/144	
Itague	1	1/144	
Drisse	7 1/2	1/144	
Batard de racage	2/3	1/216	
Marche-pied	1 1/8	1/168	
Bras	5 1/2	1/192	
Balancine	3	1/192	
Cargue-point	5 1/2	1/192	
Bouline	5	1/192	
Pattes de bouline	1/3	1/216	
Ralingue	3	1/168	
Têtiere	7/8	1/348	
Itague	1	1/156	
Rides	1/4	1/288	
Ligne pour rabans d'envergure	3		10
Ligne pour amarrage	14		10
Merlin pour amarrage	7		5
Bitord pour fourrure & amarrage	80		10
MAT DE MISAINE.			
Pendeurs doubles pour caliorne	1 1/2	1/60	
Pendeurs doubles pour candelettes	1 1/2	1/60	
Haubans doubles	3 1/8	1/60	

Ride

SUITE DES MANŒUVRES DU MAT DE MISAINE.

NOMS DES MANŒUVRES.	Longueur.	Grosseur.
	Baux.	*de Bau.*
Ride pour hauban	1	$\frac{1}{168}$
Etai	1 $\frac{1}{4}$	$\frac{1}{48}+\frac{1}{192}$
Ride pour étai	4	$\frac{1}{208}$
Faux étai	1 $\frac{1}{4}$	$\frac{1}{60}$
Ride de faux étai	2	$\frac{1}{168}$
Garant de caliorne	8 $\frac{1}{2}$	$\frac{1}{208}$
Garant de candelette	6 $\frac{1}{2}$	$\frac{1}{232}$
Drisse	8	$\frac{1}{96}$
Pendeurs de drisse	1 $\frac{1}{4}$	$\frac{1}{208}+\frac{1}{192}$
Bâtard de racage	4	$\frac{1}{150}$
Calebas de racage	3 $\frac{2}{3}$	$\frac{1}{216}$
Hale haut de racage	3 $\frac{2}{3}$	$\frac{1}{216}$
Enflechures pour les deux côtés	42	$\frac{1}{252}$
Quenouillette	$\frac{1}{8}$	$\frac{1}{60}$
Trelingage sous la hune	9	$\frac{1}{192}$
Gambes doubles	1	$\frac{1}{8}$
Martinet pour la hune	7	$\frac{1}{148}$
Ride pour le martinet	$\frac{7}{8}$	$\frac{1}{148}$
Marche-pied	2 $\frac{1}{3}$	$\frac{17}{2160}$
Ride pour *idem*	$\frac{7}{8}$	$\frac{1}{216}$
Etriers	$\frac{1}{4}$	$\frac{1}{252}$
Bras	6 $\frac{1}{4}$	$\frac{1}{252}$
Faux bras	3 $\frac{1}{2}$	$\frac{1}{252}$
Bouline	4	$\frac{1}{252}$
Balancine	6 $\frac{2}{3}$	$\frac{1}{252}$
Ecoute	5 $\frac{1}{3}$	$\frac{15}{1144}$
Fausse écoute	4	$\frac{15}{1144}$
Ecouets	5	$\frac{15}{1144}$
Cargue-point	5 $\frac{1}{2}$	$\frac{1}{252}$
Cargue-fond	4	$\frac{1}{144}$
Cargue-bouline	3 $\frac{1}{4}$	$\frac{1}{144}$
Patte de bouline	$\frac{1}{6}$	$\frac{1}{144}$
Suspente pour la vergue	2 $\frac{1}{4}$	$\frac{1}{108}+\frac{1}{192}$
Herse pour *idem*	$\frac{1}{3}$	$\frac{1}{208}+\frac{1}{192}$
Garant de palan d'amure	3 $\frac{1}{2}$	$\frac{1}{156}$
Garant de palan à fouet	3 $\frac{1}{2}$	$\frac{1}{156}$
Garant de palan de roulis	5	$\frac{1}{150}$
Garant de palan de bout de vergue	5 $\frac{1}{2}$	$\frac{1}{144}$
Pendeurs pour *idem*	$\frac{1}{2}$	$\frac{15}{1144}$
Etai de tangage	1 $\frac{3}{4}$	$\frac{1}{72}+\frac{1}{216}$
Estrope de la poulie de retour de l'étai du grand Mât de hune	$\frac{1}{2}$	$\frac{1}{72}$
Estrope de poulie sur vergue pour drisse	$\frac{2}{3}$	$\frac{1}{208}+\frac{1}{192}$
Estrope pour poulie d'écoute de hune	$\frac{1}{3}$	$\frac{1}{208}+\frac{1}{192}$
Estrope pour poulie sous vergue	$\frac{1}{3}$	$\frac{11}{1008}$
Aiguillette pour *idem*	$\frac{1}{2}$	$\frac{1}{192}$

H

Suite des Manœuvres du Mat de Misaine.

NOMS DES MANŒUVRES.	Longueur.	Grosseur.	
	Baux.	*de Bau.*	
(a) Pantoquiere			
Aiguillette pour les poulies sur le beaupré	1 1/2	1/144	
Rides de palan pour l'étai	4	1/144	
Bressin pour le point de la voile	1 1/3	1/84	
Estrope pour les deux poulies d'amure	1	1/108 + 1/156	
Têtiere	2	1/192	
Quarantenier pour envergure	22	1/288	
Quarantenier pour amarrage	14	1/288	
Ligne pour amarrage	18	1/252	
Bitord pour fourrure de ralingue	4	17/1728	*Lignes.*
Bitord pour fourrure & amarrage	560		10
Ligne pour amarrage	125		10
Ligne pour ralingue	6		10
Merlin pour ralingue	11		5
Merlin pour amarrage	70		5
Fil à voile	90		2
Petit Hunier.			
Guinderesse	9	1/108 + 1/168	
Pendeurs doubles	1	17/1728	
Haubans doubles	2 1/4	17/1728	
Ride pour *idem*	7/8	1/192	
Galhaubans doubles	5 1/2	1/96	
Etai	2 1/2	1/72	
Rides pour l'étai	2	1/156	
Faux galhaubans	2 1/4	1/96	
Ride pour *idem*	7/8	1/168	
Herse du cap de mouton du faux étai	3/8	19/2160	
Rides de faux étai	7/8	1/216	
Garant de candelettes	3 1/2	1/216	
Drisse	9	1/144	
Fausse drisse	7	1/120	
Bâtard de racage	2 1/3	1/136	
Enflechures pour les deux côtés	30	1/288	
Marche-pied	1 1/2	1/144	
Ride pour marche-pied	7/8	1/288	
Etriers	1/3	1/168	
Itague	3	11/1144	
Bras	6	1/156	
Faux bras	4 1/2	1/156	
Balancine	5 1/2	1/156	
Ecoute	4	1/72	
Cargue-point	6	1/156	
Cargue-fond	4 2/3	1/192	

(a) La pantoquiere a une largeur qu'on détermine en multipliant les trois quarts de la largeur du vaisseau par le nombre des haubans.

SUITE DES MANŒUVRES DU MAT DE MISAINE.

NOMS DES MANŒUVRES.	Longueur.	Groſſeur.	
	Baux.	de Bau.	
Cargue-bouline	4 1/2	1/204	
Bouline	4 1/2	1/130	
Pattes de bouline	1/2	1/156	
Itague de palanquin de ris	1 1/2	1/132	
Palanquin de ris	6	1/172	
Palan de roulis	2 1/2	1/216	
Saiſine	3 1/3	1/192	
Têtiere	1 1/4	1/216	
Ralingue pour les deux côtés	2 1/2	1/112	
Quarantenier pour envergure	10	1/288	
Quarantenier pour amarrage	20	1/348	
Eſtrope de poulie d'itague	1/12	1/84	
Bitord pour fourrure de ralingue de fond	2 1/2	19/2160	*Lignes.*
Bitord pour fourrure de ralingue	25		10
Bitord pour fourrure & amarrage	275		10
Ligne pour amarrage	100		10
Ligne pour ralingue	5		10
Merlin pour amarrage	72		5
Merlin pour ralingue	5		5
Petit Perroquet.			
Haubans doubles	1 1/4	1/192	
Ride pour *idem*	2/3	1/288	
Galhaubans doubles	6	1/168	
Ride pour *idem*	1/7	1/288	
Etai	3 1/2	1/156	
Driſſe	7	1/156	
Bâtard de racage	1/2	1/240	
Marche-pied	1	1/168	
Bras	5	1/204	
Balancine	2 1/2	1/204	
Cargue-point	5 1/4	1/204	
Bouline	5	1/204	
Pattes de bouline	1/3	1/240	
Itague	7/12	1/356	
Ralingue	2 1/4	1/168	
Têtiere	7/8	1/348	
Ligne pour envergure	3		10
Ligne pour amarrage	14		10
Bitord pour fourrure & amarrage	75		10
Merlin pour amarrage	7		5
MAT DE BEAUPRÉ.			
Tire-veille double	2 1/2	1/408	
Ride pour *idem*	2/3	1/192	
Herſe pour la vergue	1/2	17/2728	
Marche-pied pour la vergue	1 1/2	1/456	
Ride pour *idem*	7/8	1/342	

SUITE DES MANŒUVRES DU MAT DE BEAUPRÉ.

NOMS DES MANŒUVRES.	Longueur.	Grosseur.	
	Baux.	*de Bau.*	
Etriers	1/4	1/168	
Aiguillette pour l'herse de la vergue	1/2	1/216	
Garant de palan de bout	3 1/2	1/216	
Moustaches	1	1/144	
Ride pour moustaches	2/3	1/252	
Bras	5	1/168	
Balancine	3 1/2	1/168	
Cargue-point	2 1/2	1/168	
Ecoute	3 1/2	1/144	
Cargue-fond	2 1/4	1/204	
Sous-barbe	2 1/4	4/96	
(*a*) La premiere Liure			
(*b*) La seconde Liure			
Garde-corps pour l'éperon	1/2	4/108	
Ride pour *idem.*	2/3	2/96	
Ralingue	3	1/162	
Têtiere	1 2/9	1/240	
Quarantenier pour envergure	11	1/432	
Quarantenier pour amarrage	5	1/432	*Lignes.*
Ligne pour amarrage	14		10
Ligne pour ralingue	1		5
Bitord pour fourrure & amarrage	7		5
Bitord pour *idem* & *idem.*	100		10
Bitord pour fourrure de ralingue	5		10
Merlin pour ralingue	1		5
Fil à voile	28		2
Voile d'étai du petit Hunier ou petit Foc.			
Drisse	5	1/252	
Calebas	5	1/192	
Ecoute	3 1/4	1/108	
Grand Foc.			
Draille	5 1/4	1/108	
Drisse	6	1/144	
Calebas	6	1/192	
Ecoute	4 1/2	1/144	
Amure	4	1/144	
Faux Foc.			
Draille	5	1/96	
Drisse	5 1/2	1/144	
Ecoute	4 1/4	1/168	
Amure	3 1/2	1/192	
Bonnette en étui du grand Hunier.			
Drisse	6 1/2	1/144	
Amure	5	1/216	

(*a*) La premiere Liure est égale à la guinderesse du grand Mât de hune.
(*b*) La seconde Liure est égale à la guinderesse du petit Mât de hune.

SUITE DES MANŒUVRES DU MAT DE BEAUPRÉ.

NOMS DES MANŒUVRES.	Longueur.	Grosseur.
	Baux.	*de Bau.*
Ecoute	3	$\frac{1}{216}$
Bonnette en étui du petit Hunier.		
Drisse	5 $\frac{1}{2}$	$\frac{1}{156}$
Amure	5	$\frac{1}{168}$
Ecoute	4 $\frac{1}{4}$	$\frac{1}{180}$
Bonnette de Misaine.		
Drisse du dedans de la voile	3 $\frac{1}{2}$	$\frac{1}{132}$
Drisse du dehors	4 $\frac{1}{2}$	$\frac{1}{132}$
Amure	3 $\frac{1}{2}$	$\frac{1}{132}$
Ecoute	1 $\frac{1}{2}$	$\frac{1}{144}$
Hauban du tangon	2 $\frac{1}{2}$	$\frac{1}{120}$
Bonnette de grand Perroquet.		
Drisse	6	$\frac{1}{204}$
Amure	6 $\frac{1}{2}$	$\frac{1}{204}$
Ecoute	3	$\frac{1}{216}$
Bonnette du petit Perroquet.		
Drisse	5 $\frac{3}{4}$	$\frac{1}{204}$
Amure	5 $\frac{1}{2}$	$\frac{1}{204}$
Ecoute	3	$\frac{1}{216}$
Bonnette de Perroquet de fougue.		
Drisse	4 $\frac{1}{3}$	$\frac{1}{180}$
Amure	4	$\frac{1}{180}$
Ecoute	2	$\frac{1}{144}$

NOMS DES MANŒUVRES.	Longueur.	Longueur.	Grosseur.	
ANCRES.	*Brasses.*	*Baux.*	*de Bau.*	
Un cable de grande touée	120		$\frac{1}{24}$	
Un cable de seconde touée	120		$\frac{1}{24}$	
Un cable de veille	120		$\frac{1}{24}$	
Un cable d'affourche	120		$\frac{1}{24}$	moins un pouce.
Grelins	120		$\frac{1}{48}$	
Tourne-vire		7 $\frac{1}{4}$	$\frac{1}{48}$	
Bosse-de-bout		2	$\frac{1}{60}$	
Serre-bosse		2 $\frac{1}{2}$	$\frac{1}{72}$	
Bosse de la fosse aux cables		1 $\frac{1}{2}$	$\frac{1}{60}$	
Bosse à bouton		$\frac{1}{4}$	$\frac{1}{72}+\frac{1}{168}$	
Garant de capon		5 $\frac{3}{4}$	$\frac{1}{108}$	
Bressin pour traverser les ancres		$\frac{2}{3}$	$\frac{1}{208}+\frac{1}{192}$	
Cordage pour emboudinure		3 $\frac{1}{2}$	$\frac{1}{144}$	
Garniture de bouée		1 $\frac{1}{2}$	$\frac{1}{96}$	
Quarantenier pour emboudinure		2 $\frac{1}{2}$	$\frac{1}{81}$	
Quarantenier pour étalingure		3	$\frac{1}{132}$	
Vieux cables pour fourrure	120		$\frac{1}{24}$	
Vieux cordages pour supplément..... 68 pouces par pied de bau.				

Dimensions particulieres des Manœuvres principales du Vaiſſeau la Ville de Paris.

NOMS DES MANŒUVRES.	Mât d'Artimon.			Grand Mât.			Mât de Miſaine.			Beaupré.		
	Nombre.	Longueur en braſſe.	Groſſeur en pouce.	Nombre.	Longueur en braſſe.	Groſſeur en pouce.	Nombre.	Longueur en braſſe.	Groſſeur en pouce.	Nombre.	Longueur en braſſe.	Groſſeur en pouce.
Haubans	12	137	6 ¼	20	290	10	18	243	9 ½	2	10	4 ¼
Rides pour haubans	12	78	3 ¼	20	170	5 ¼	18	144	5	2	10	2
Pendeurs	2	11	6 ¼	2	29	10	2	26	9 ½			
Etai de tangage							1	17	10 ½			
Ride pour *idem*							1	17	4 ¼			
Etai	1	18 ½	8 ½	1	25	17	1	16 ½	16			
Collier d'étai	1	6	6 ½	1	20	17	1	7	16			
Ride d'étai	1	6 ½	3 ½	1	30	5	1	32	4 ¼			
Driſſe	1	66	5 ¼	2	180	5 ½	2	160	5 ¼			
Ecoute	1	43	3 ¼	2	108	6	2	100	5 ¼	2	72	3
Cargue	14	280	2 ¼									
Herſes pour *idem*	7	10 ½	3									
Garant de candelette	2	76	3 ¼	2	120	3 ¼	2	120	4 ¼			
Breſſin à traverſer les ancres							1	17	9 ½			
Ources	2	40	3 ¼									
Breſſin pour les voiles							1	8	6 ¼			
Martinet pour vergue	1	58	3 ½									
Branche pour *idem*	3	6	3									
Faux martinet	1	42	4									
Garant de palan de bout de civadiere										1	36	3
Liures de beaupré (*vieilles guinderesses*)										2	160	8
Martinet pour hune ou araignée	1	40	1 ½	1	48	1 ¼	1	38	1 ½			
Ride de l'araignée	1	6	1 ½	1	6	1 ¾	1	5	1 ½			
Droſſe de racage	1	40	2 ¼									
Palan d'amure	1	18	2 ¼	2	44	2 ½	1	44	3			
Gambe de hune	8	50	2 ¼	12	108	4	12	104	3 ¼			
Driſſe de flamme	1	36	1 ¼									
Bâtard de racage	1	9	4 ¼	1	48	5	1	44	4 ¼			
Enfléchure en quarantenier	6	360	1 ¼	8	480	1 ¼	7	420	1 ¼			
Rabans de voile en quarantenier	5	300	1 ½	7	420	1 ¼	7	420	1 ½	3	180	1 ¼
Amarrage en quarantenier	4	240	1 ¼	7	420	1 ¼	7	420	1 ½	3	180	1 ¼
Ligne d'amarrage	5	250	0 7 l.	7	600	7 ¼ l.	9	450	0 7 l.	4	200	7 l.
Merlin & luzin	20		20 ℔			30 ℔			25 ℔			14 ℔
Bitord			350 ℔			800 ℔			700 ℔			150 ℔
Fil à voile			1 ℔			1 ½ ℔			1 ½ ℔			½ ℔
Faux étai				1	25	10	1	16	9 ½			

SUITE DES DIMENSIONS PARTICULIERES DES MANŒUVRES DU VAISSEAU LA VILLE DE PARIS.

NOMS DES MANŒUVRES.	Mât d'Artimon.			Grand Mât.			Mât de Misaine.			Beaupré.		
	Nombre.	Longueur en brasse.	Grosseur en pouce.	Nombre.	Longueur en brasse.	Grosseur en pouce.	Nombre.	Longueur en brasse.	Grosseur en pouce.	Nombre.	Longueur en brasse.	Grosseur en pouce.
Herse pour *idem*				1	20	10	1	7	9 1/2			
Ride *idem*				1	8 1/2	5 1/4	1	8	4 3/4			
Ecouets en bressin				2	108	5	2	100	4 3/4			
Boulines				2	58	5	2	54	4 3/4			
Pattes				4	16	4 1/2	2	12	4 1/4			
Bras				2	110	4 1/2	2	90	4 1/4	2	100	3 1/4
Pendeurs de bras	2	10		2	10	5 1/4	2	9	5	2	8	3 3/4
Faux bras (*vieux cordage.*)				2	110	4 1/2						
Balancines				2	138	4	2	128	3 3/4	2	72	3 1/4
Cargue-points				2	98	4 1/4	2	94	4	2	50	2 3/4
Cargue-fonds				2	64	3 1/2	2	62	3 1/4	2	42	2 1/2
Cargue-bouline				2	62	3 1/2	2	60	3 1/4			
Hale-haut de racage				1	39	2 1/2	1	35	2 1/4			
Calebas de racage				1	30	2 1/2	1	31	2 1/4			
Garant de suspente de palan d'étai				2	140	4 1/4						
Suspente de palan d'étai				2	32	7 1/2						
Garant de caliorne				2	166	5	2	156	4 1/4			
Cartaheu				2	86	3 1/2						
Bredindin				1	56	3 1/2						
Herse de bredindin				1	6	5						
Marchepied				2	21	5	2	19	4 3/4	2	14 1/2	3 1/4
Etriers				10	24	3 1/2	8	22	3 1/4	8	16	2 1/2
Rides pour étriers				1	6 1/2	2 1/2	1	6 1/2	2 1/4	1	5	1 3/4
Palan à fouet				2	50	3 1/2	2	44	3			
Palan de bout de vergue				2	104	3 1/2	2	100	3 1/4			
Pendeurs pour *idem*				2	14	5 1/2	2	10	5			
Pantoquiere				1	58	2 1/4	1	54	2 1/2			
Faux haubans (*vieux cordage*)				4	56	9 1/2	4	52	9 1/2			
Herse pour *idem*				2	8	9 1/2	2	7	9			
Ride pour *idem*				4	32	5	4	32	4 3/4			
Suspente de vergue				1	20	10	1	18	9 1/2			
Drosse				2	20	8	2	19	8			
Garant				2	90	3 1/2	2	86	3 1/4			
Herse				2	6 1/2	9 1/2	2	6	9	1	8	4 1/4
Aiguillete pour civadiere										1	7	2 1/4
Tire-veille										2	24	4 1/4
Ride pour *idem*										2	12	2 1/4
Barbe-Jean										2	20	6 1/4
Ride pour Barbe-Jean										2	20	3 1/4

SUITE DES DIMENSIONS PARTICULIERES DES MANŒUVRES DU VAISSEAU LA VILLE DE PARIS.

NOMS DES MANŒUVRES.	Grand Hunier.			Petit Hunier.			Perroquet de Fougue.			Grand Perroquet.			Petit Perroquet.			Vergue de Fougue.		
	Nombre.	Longueur en brasse.	Grosseur en pouce.	Nombre.	Longueur en brasse.	Grosseur en pouce.	Nombre.	Longueur en brasse.	Grosseur en pouce.	Nombre.	Longueur en brasse.	Grosseur en pouce.	Nombre.	Longueur en brasse.	Grosseur en pouce.	Nombre.	Longueur en brasse.	Grosseur en pouce.
Haubans	12	149	6	12	144	5 1/2	8	88	3 1/2	6	43	3 3/4	6	40	3	2	10	3 1/4
Pendeurs	2	12	6	2	12	5 1/2												
Rides de haubans	12	78	3 1/4	10	72	3	8	48	2	6	30	1 3/4	6	30	1 3/4	2	12	2
Etai	1	31	8 1/2	1	29	8	1	13	4 1/4	1	32	4	1	36	3 1/4			
Ride d'étai	1	26	3 1/4	1	22	3	1	6	2 1/4									
Faux étai (*vieux cordage*)	1	22	6	1	28	5 1/2												
Herse pour *idem*	1	3	4 1/2															
Ride pour *idem*	1	16	3	1	6	3												
Galhauban	6	150	6 1/2	6	144	6	4	74	3 1/4	4	126	3 1/2	4	122	3 1/4			
Ride pour *idem*	6	42	3 1/2	6	36	3	4	22	2	4	20	1 3/4	4	20	1 1/4			
(*) Guinderesse	1	92	8 1/2	1	88	6	1	39	4 1/2									
Drisse	2	224	3 1/4	2	116	3 1/2	1	68	2 1/4	1	64	3 1/2	1	60	3 1/4			
Fausse drisse	2	128	3 3/4															
Itague	1	28	6 1/4	1	26	6 1/4	1	18	4	1	14	3 3/4	1	13	3 1/2			
Fausse itague	1	28	6 3/4															
Ecoutes	2	84	8 1/4	2	78	7 1/4	2	48	4 1/2	2	116	3 1/4	2	112	3			
Boulines	2	84	4	2	78	3 1/4	2	64	2 1/4	1	96	2 1/2	2	88	2 1/4			
Pattes	6	26	3 1/4	6	21	3 1/2	4	6	2 1/4	4	8	2 1/4	4	6	2			
Bras	2	114	3 1/4	2	96	3 1/2	2	72	2 1/2	2	106	2 1/4	2	98	2	2	72	2 1/2
Pendeurs de bras	2	10	4	2	8	4	2	6	3	2	6	2 3/4	2	5	2 1/2	2	7	3
Faux bras (*vieux cordage*)				2	96	3 1/4												
Galhaubans volans	2	50	6 1/2	2	48	6												
Balancines	2	116	3 1/4	2	112	3 1/2	2	76	2 1/2	2	50	2 1/2	2	46	2 1/4	2	72	2 1/2
Cargue-points	2	116	3 3/4	2	112	3 1/2	2	76	2 1/2	2	106	2 1/4	2	98	2			
Cargue-fond	2	86	3 1/2	2	82	3 1/4	2	56	2									
Cargue-bouline	2	84	3 1/2	2	80	3 1/4	2	54	2									
Garant de palan de mât	2	80	2 1/4	2	76	2 1/2												
Marche-pied	2	15	3 1/2	2	14	3 1/4	2	12	3	2	10	2 1/4	2	9 1/2	2 1/2	2	15	3 1/2
Etriers	8	18	2 1/4	8	16	2 1/4	6	12	1 1/4	4	6	1 1/4	4	6	1 1/2	4	10	3
Ride																1	6	2 1/4
Garant de palanquin de ris	2	116	2 1/4	2	112	2 1/2												
Pendeurs pour *idem*	4	18	3 1/2	4	16	3 1/4												
Gambe de pendeurs	6	18	2 1/4	6	18	2 1/2												
Saisine	2	60	3	2	52	2 1/4												
Garant de bouline	1	25	3															
Garant de palan de bouline	1	26	3 1/4	1	25	3												
Garant de palan à fouet	2	44	3															
Bâtard de racage	1	28	3 1/2	2	26	3 1/4	1	7	2 1/4	1	6	2 1/4	1	5	2			
Suspente																1	11	5
Quarantenier pour enfléchure	6	380	1 1/2	6	360	1 1/4	3	180	1									
Idem pour raban de voile	6	380	1 1/4	5	300	1 1/2	2	120	1	4	200	7 lig.	3	150	7 lig.			
Idem pour amarrage	6	380	1 1/4	5	300	1 1/4	2	120	1									
Ligne d'amarrage	10	500	7 lig.	10	500	7 lig.	4	200	7 lig.	4	200	7 lig.	3	150	7 lig.			
Herse pour poulie d'étai				1	3	4 1/2												
Bitord			500 ℔			450 ℔			125 ℔			200 ℔			150 ℔			
Merlin & luzin			25			24			18			25			10			
Fil à voile			1 ℔			1 ℔			1/2 ℔			1/2 ℔			1/2 ℔			

(*) Les Liures de beaupré se font avec de vieilles guinderesses.

SUITE DES DIMENSIONS PARTICULIERES DES MANŒUVRES PRINCIPALES DU VAISSEAU LA VILLE DE PARIS.

NOMS des MANŒUVRES.	Voile d'étai de grand Mât.			Voile d'étai de grand Hunier.			Voile d'étai de petit Hunier.			Voile d'étai de grand Perroquet.			Voile d'étai d'Artimon.			Voile d'étai de Perroquet de Fougue.			Contre-voile d'étai.			Foc.		
	Nombre.	Longueur en brasse.	Grosseur en pouce.	Nombre.	Longueur en brasse.	Grosseur en pouce.	Nombre.	Longueur en brasse.	Grosseur en pouce.	Nombre.	Longueur en brasse.	Grosseur en pouce.	Nombre.	Longueur en brasse.	Grosseur en pouce.	Nombre.	Longueur en brasse.	Grosseur en pouce.	Nombre.	Longueur en brasse.	Grosseur en pouce.	Nombre.	Longueur en brasse.	Grosseur en pouce.
Itague.	1	14	5	1	15	$3\frac{1}{2}$	1	13	$3\frac{1}{4}$				1	10	$3\frac{1}{4}$							1	26	5
Ride.	1	6	$2\frac{1}{2}$	1	6	$1\frac{1}{2}$	1	5	$1\frac{1}{2}$				1	7	2									
Drisse.	1	38	$2\frac{3}{4}$	1	45	$2\frac{3}{4}$	1	40	$2\frac{1}{2}$	1	40	$2\frac{1}{4}$	1	24	$2\frac{1}{4}$	1	34	$2\frac{1}{2}$	1	46	$2\frac{3}{4}$	1	60	3
Ecoute.	1	9	$3\frac{1}{2}$	1	36	$2\frac{3}{4}$	1	24	$3\frac{1}{2}$	1	24	2	1	8	$3\frac{1}{4}$	1	14	2	1	36	$2\frac{1}{2}$	1	40	$4\frac{1}{2}$
Amure.	1	4	$3\frac{3}{4}$	1	6	$2\frac{3}{4}$	1	3	$2\frac{1}{2}$				1	3	$2\frac{1}{2}$				1	6	$2\frac{1}{4}$			
Cale-bas.				1	20	$1\frac{1}{2}$				1	24	1				1	16	$1\frac{3}{4}$	1	20	$1\frac{3}{4}$			

MANŒUVRES DES ANCRES ET DU GOUVERNAIL.

NOMS DES MANŒUVRES.	Nombre.	Longueur en brasse.	Grosseur en pouce.
Cables.	3	360	$23\frac{1}{2}$
Idem.	2	240	$22\frac{1}{2}$
Idem.	1	120	$21\frac{1}{2}$
Grelins.	2	240	12
Idem.	2	240	11
Aussiere.	1	120	10
Tourne-vire.	2	128	12
Itague de gouvernail.	2	60	$4\frac{1}{2}$
Bosse de bout.	2	44	$10\frac{1}{4}$
Serre-bosse.	8	112	$6\frac{1}{4}$
Garant de capou.	2	130	$5\frac{1}{4}$
Grelin pour orins.	1	120	$8\frac{1}{2}$
Bosse pour le pont.	12	36	$9\frac{1}{2}$
Fausse bosse pour la fosse aux cables.	6	48	$6\frac{1}{4}$
Emboudinure (*en vieux cordage*).			200 lb
Haubans de porte-lof.	4	24	$3\frac{1}{2}$
Sauve-garde de gouvernail.	1	14	$7\frac{1}{2}$
Quarantenier pour amarrage.	2	120	$1\frac{1}{2}$
Petite sauve-garde pour les chaînes.	2	16	$6\frac{1}{2}$
Ligne d'amarrage.	2	100	7 lig.

Etat des Poulies qui sont partie du gréement d'un Vaisseau de guerre.

	NOMS DES POULIES.	Nombre.	*Remarques relatives aux Estropes des différentes Poulies.*
Fig. u.	Moque à cœur pour le grand étai. . . .	2	Le bout de l'étai embrasse le contour d'une de ces moques, en suivant une rainure pratiquée dans le sens de son épaisseur, & son extrémité revient élonger l'étai avec lequel elle est réunie par plusieurs amarrages. La seconde moque est embrassée par le collier d'étai.
	Moque d'étai à cœur, dont une à deux goujures pour étai de misaine.	2	Le bout de l'étai de misaine forme l'estrope d'une de ces moques, & la seconde moque a pour estrope une double herse, qui, après avoir embrassé étroitement son contour, forme à l'extrémité de la poulie deux larges œillets, par le moyen desquels cette moque est aiguilletée sous le beaupré.
	Idem, pour étai d'artimon.	2	Une de ces moques a une herse double terminée par deux longs œillets qui servent à lui faire embrasser le contour du grand mât, & ces œillets sont liés ensemble à l'avant de ce mât par une aiguillette. L'autre moque a le bout de l'étai pour estrope.
	Idem, pour grand faux étai.	2	Ces moques sont établies comme celles des étais.
	Idem, dont une à deux goujures pour faux étai de misaine.	2	
Fig. R.	Poulies de caliorne à trois rouets, dont deux à deux goujures pour grande drisse & pendeurs de grand mât.	6	Celles à pendeurs ont une seule goujure; leur estrope est un simple cordage fourré, qui est assez long pour former au dessus de la poulie une longue queue, dont l'extrémité porte une cosse de fer: c'est à l'aide de cette cosse qu'on aiguillette ces poulies autour du ton du mât. Les poulies correspondantes à ces premieres, sont faites pour être aiguilletées autour de la vergue: c'est à cet effet qu'elles ont deux goujures, & que leur estrope est une herse double terminée par deux longs œillets. Les deux poulies de caliorne n'ont qu'une goujure, & leur estrope simple porte à son extrémité une cosse qui sert à aiguilleter chaque poulie à chaque pendeur.
	Poulies de caliorne à trois rouets, dont deux à deux goujures pour drisse de misaine & pendeurs de mât. . . .	6	Estropées comme celles du grand mât, qui sont destinées aux mêmes usages.
Fig. O.	Poulies de caliorne à deux rouets pour le grand mât.	2	Elles n'ont qu'une goujure; leur estrope est une herse longue, dont l'extrémité porte un croc.
	Poulies à deux rouets pour le mât de misaine.	2	Comme les précédentes.
Fig. P.	Poulies de palan pour candelette de misaine & palans de charge.	8	La caisse de ces poulies est longue, & renferme deux rouets placés à la suite l'un de l'autre; les unes ont une estrope terminée par un œillet, tandis que l'extrémité de l'herse dans les autres poulies est armée d'un croc.
	Idem, pour candelette du grand mât.	4	Comme les précédentes.
	Idem, pour candelette d'artimon. . . .	2	
Fig. b.	Poulie simple pour étai du grand hunier.	1	Elle a deux goujures & une herse double; elle est aiguilletée autour du ton du mât de misaine.
	Poulie de sous-vergue de grande vergue à deux goujures.	2	L'estrope est une herse double terminée par deux œillets; elles sont aiguilletées autour de la vergue.
	Poulies de sous-vergue de misaine à deux goujures.	2	Pareilles à celles de grande vergue.
Fig. Q.	Poulies d'écoute de hune.	2	Leur nom est aussi poulies de bout de vergue. La même caisse renferme deux rouets, dont les plans sont placés perpendiculairement l'un à l'autre. L'estrope n'embrasse pas toute la longueur de la poulie; mais elle passe dans un trou pratiqué entre les deux rouets, & elle est terminée par un œillet qui sert à capeler chacune de ces poulies à chaque bout de la vergue.
	Poulies *idem* de misaine.	2	Celles-ci sont semblables aux précédentes.
	Poulies d'écoute pour le perroquet de fougue.	2	
Fig. H.	Caps-de-mouton petits & grands.	78	Les extrémités des haubans ou des bandes de fer, forment les estropes des caps-de-mouton.
	Poulies longues à deux rouets pour étai du grand hunier.	2	L'estrope de l'une est terminée par un œillet qui porte une cosse, & elle est aiguilletée à l'étai; l'autre poulie a une estrope armée d'un croc qui s'accroche dans un piton placé sur le gaillard d'avant. Cet assemblage de poulies, ou ce palan, sert à rider l'étai.
	Idem, pour faux étai du grand hunier. .	2	*Idem.*
	Idem, pour étai du petit hunier.	2	

SUITE DE L'ÉTAT DES POULIES.

	NOMS DES POULIES.	Nombre.	*REMARQUES relatives aux Estropes des différentes Poulies.*
Fig. d.	Poulie pour le perroquet de fougue.	1	L'estrope est une herse simple qui, après avoir embrassé la poulie, se divise en deux branches simples, dont chacune est terminée par un petit œillet. Ces branches sont destinées à entourer le grand mât, à l'avant duquel elles sont aiguilletées.
Fig. e.	Poulies de capon ferrées à croc à trois rouets.	2	L'estrope de chacune est une bande de fer, armée d'un grand croc.
Fig. K.	Poulies de guinderesse ferrées à croc pour grand hunier.	2	Le croc de ces poulies est destiné à être accroché à un piton placé sous le chouquet.
	Idem, pour le petit hunier.	2	
	Idem, pour le perroquet de fougue.	1	
Fig. b.	Poulies simples à deux goujures, dont deux plates pour itague de grand hunier.	4	Les deux goujures annoncent une herse double ; elle est terminée par deux œillets ; les poulies plates sont capelées au mât, & les autres sont aiguilletées sur la vergue.
	Poulies simples à deux goujures, dont deux plates pour le petit hunier.	4	*Idem.*
	Idem, à deux goujures, dont une plate pour le perroquet de fougue.	2	
	Poulie simple à deux goujures pour suspente de vergue seche.	1	L'herse est double, & a deux œillets qui servent à l'aiguilleter sur la vergue.
	Poulie à canon à deux goujures pour écoute de perroquet de fougue.	1	
	Poulie simple pour faux étai du grand hunier.	1	L'estrope simple est terminée par deux branches séparées dont les extrémités ont chacune un œillet.
	Idem, pour faux étai du petit hunier.	1	
	Poulies doubles à palan pour drisses des deux huniers.	8	L'herse simple des unes porte à son extrémité une cosse pour être aiguilletée à l'itague ; l'herse des autres poulies est armée d'un croc.
	Idem, double pour drisse du perroquet de fougue.	1	L'estrope simple est terminée par un œillet qui sert à l'amarrage de l'itague.
	Idem, simple pour *idem*.	1	L'œillet de l'estrope simple porte une cosse suivie d'un croc.
Fig. B.	Poulies doubles de palan.	2	L'estrope simple est terminée par un œillet.
	Poulies longues à deux trous & un rouet.	2	Les trous sont placés aux extrémités de chaque poulie ; l'un sert pour recevoir le dormant de la balancine, & l'autre sert au passage de l'herse qui porte une cosse, afin que la poulie puisse être aiguilletée autour du ton du mât.
	Poulies simples pour retour de candelettes du grand mât.	2	L'estrope simple porte une cosse, & un croc au bout de l'œillet qui la termine.
	Poulies *idem* pour retour de candelette d'artimon.	2	
	Poulie double à palan pour le palan de bout de civadiere.	1	L'estrope simple porte au bout de l'œillet qu'elle forme, une cosse, avec un croc qui est destiné à être accroché aux pitons placés au bout du beaupré.
	Poulie simple pour *idem*.	1	L'estrope simple se divise au delà de la poulie en deux branches, terminées chacune par un œillet. Ces branches embrassent la vergue.
	Poulies simples pour retour des drisses des deux huniers.	4	L'estrope est simple, & forme un œillet à l'extrémité de la poulie.
	Idem, pour retour de la drisse de perroquet de fougue.	1	
Fig. 48 *.	*Idem*, simple pour pendeurs de bras des deux huniers.	4	
	Idem, pour pendeurs de bras de la vergue de civadiere.	2	
	Idem, pour pendeurs de bras de vergue seche.	2	
	Idem, pour pendeurs de bras de perroquet de fougue.	2	

SUITE DE L'ÉTAT DES POULIES.

	NOMS DES POULIES.	Nombre.	*Remarques relatives aux Estropes des différentes Poulies.*
	Poulies simples de cargue-point pour les deux huniers..................	4	Celles qui sont amarrées sur la vergue, ont une herse simple qui se divise en deux branches terminées chacune par un œillet; l'herse de la poulie du point de la voile est simple, & forme un œillet.
	Idem, pour cargue-fond & cargue-bouline..........................	8	Quatre de ces poulies ont une herse à deux branches; les autres ont une estrope terminée par un œillet.
	Poulies simples pour bras de misaine.	4	L'estrope est simple avec un œillet.
Fig. C.	Poulies de cargue-fond à deux rouets.	4	On les nomme aussi galoches. Leurs rouets sont à la suite l'un de l'autre dans deux caisses qui se tiennent, & leurs plans sont respectivement perpendiculaires l'un à l'autre. Ces poulies sont sans estropes; elles servent aux basses voiles.
Fig. A.	Poulies simples de diverses grandeurs.	80	L'estrope est simple, & terminée par un œillet.
	Poulies pour caliorne à trois rouets pour cargue d'artimon...........	2	*Idem.*
	Poulie à deux rouets pour drisse de vergue d'artimon..............	1	Cette poulie a deux goujures, & une herse double terminée par deux œillets.
	Poulies simples pour retour de guinderesses..........................	2	L'œillet de l'estrope simple porte une cosse.
	Idem, simples pour balancines de civadiere..........................	4	L'estrope simple a un œillet.
	Idem, pour cargue-point de civadiere.	4	Deux de ces poulies ont chacune une estrope simple qui se partage en deux branches, & l'estrope de chacune des deux autres est terminée par un œillet.
	Idem, pour cargue-fond de civadiere.	2	Estrope simple à œillet.
Fig. E.	Poulies à têtes de moines.........	2	L'estrope est une herse simple qui se partage en deux branches terminées chacune par un cul-de-porc. Ces branches traversent la calotte par des trous qui y sont pratiqués, & embrassent le contour de la poulie.
Fig. x.	Rateliers à huit rouets.............	2	Ils sont amarrés sur les liures de beaupré, & leurs extrémités sont aussi liées par des amarrages qui passent par-dessus & par-dessous le mât.
	Poulies à canon pour palan de bout de vergue........................	4	L'estrope simple forme un œillet au bout de la poulie.
Fig. 48.	*Idem*, simples pour *idem*..........	4	L'œillet de l'estrope porte ici une cosse & un croc, & ces poulies servent à accrocher la chaloupe d'un vaisseau lorsqu'on veut la mettre à la mer ou à bord.
	Poulies à canon pour drisse de grande vergue.........................	4	Deux de ces poulies ont une estrope à œillet, les autres ont de plus un croc.
	Poulies simples....................	20	L'estrope est à œillet; mais plusieurs, telles que les poulies de retour dans les palans, sont armées d'un croc suivant leurs usages.
	Poulies simples pour cargue d'artimon........................	10	
	Poulies simples de retour..........	12	L'estrope simple est terminée par un œillet.
	Idem, pour *idem*..................	12	
Fig. f.	Poulies doubles à palan pour palan de dimanches....................	6	L'estrope à fouet est une herse simple terminée par une petite boucle, dans laquelle on passe un bout de corde d'une certaine longueur, qui est ensuite tressée, & qui forme aussi une queue ou un fouet, à l'aide duquel on attache aisément ces poulies, en faisant faire plusieurs tours à ce fouet autour de l'objet qui doit soutenir les poulies.
	Idem, simple pour *idem*..........	6	Estrope à œillet & à croc.
	Poulies simples pour retour de bras de grand hunier..................	2	Estrope à œillet simple.
	Idem, simples pour bouline de grand hunier dans la hune de misaine....	2	*Idem.*
	Poulies à canon pour itague de palanquin de ris..................	4	

Idem,

SUITE DE L'ÉTAT DES POULIES.

	NOMS DES POULIES.	Nombre.	*REMARQUES relatives aux Estropes des différentes Poulies.*
	Idem, simples pour *idem*............	4	Leur estrope simple porte un croc & une cosse. *Nota* Ces huit poulies sont remplacées, suivant la méthode actuelle, par un assemblage de galoches tournantes, placées verticalement entre deux planches horizontales au pied de chaque mât. Ces galoches sont au nombre de 12 ou 14. Voyez *Fig.* 54.
	Idem, pour les retours............	4	L'estrope est simple avec un œillet.
	Poulies de caliorne à trois rouets pour brayet........................	2	L'œillet de l'herse simple porte une cosse. Le brayet est un cordage qui passe sous le pied du mât de hune, & qui sert à soutenir son poids lorsqu'on le guinde.
	Idem, à deux rouets...............	2	L'œillet de l'herse simple porte une cosse & un croc.
	Poulies simples pour retour.........	2	
Figure B.	Poulies simples pour grandes écoutes & amures......................	4	Deux de ces poulies ont une herse simple qui a deux branches terminées chacune par un cul-de-porc & réunies ensemble. L'herse des autres poulies a une longue queue qui porte une cosse. Celles-ci sont aiguilletées chacune à un piton en dehors du vaisseau.
	Idem, pour *idem* de misaine.........	4	
	Idem, pour fausse amure...........	2	La même herse sert à estroper ces deux poulies; cette herse passe au travers de la guibre du vaisseau où elle est solidement attachée
	Idem, pour retour des drisses de grande vergue d'artimon & caliorne de grand mât......................	5	L'estrope des unes a un œillet qui porte une cosse, & l'œillet de l'estrope des autres a une cosse & un croc.
	Idem, pour drisse de misaine & caliorne..........................	4	*Idem*
	Idem, pour retour de palans de charge & candelettes de misaine.........	4	L'œillet simple de l'estrope porte un croc.
	Idem..............................	24	
	Poulie de caliorne à trois rouets pour étai de tangage................	1	L'estrope est simple, & terminée par un œillet avec une cosse.
	Idem, à deux rouets...............	1	L'estrope a deux branches qui sont aiguilletées sur l'étai de tangage.
	Poulies à canon....................	4	L'estrope simple a un œillet qui porte un croc.
	Poulies simples....................	4	
Fig. Y.	Poulie coupée pour bouline........	1	L'herse passe dans un trou qui est à la tête de la caisse, & la poulie est attachée au collier du grand étai.
	Poulies simples pour retour.........	44	L'estrope est simple & a un œillet.
Fig. D.	Cabillots..........................	48	Sans estrope.

DIMENSIONS de diverses Ancres, réglées d'après leur poids.

POIDS des ANCRES.	LONGUEUR totale de chaque Ancre.	DIMENSIONS de la verge au collet. Largeur.	DIMENSIONS de la verge au collet. Epaisseur.	DIMENSIONS de la verge près de la culasse. Largeur.	DIMENSIONS de la verge près de la culasse. Epaisseur.	LONGUEUR de la culasse.	LARGEUR & épaisseur des tourillons.
	piés. pouc.	pouc. lig.	pouc. lig.	pouc. lig.	pouc. lig.	piés. pouc.	pouc. lig.
7000 ℔	16 0	12 0	8 6	6 0	6 0	3 8	2 8
6500	15 8	11 7	8 4	7 9	5 10	2 11	2 7
6000	15 4	11 2	8 2	7 6	5 9	2 10	2 6
5800	15 3	11 0	8 1	7 4	5 8	2 9	2 6
5600	15 2	10 10	8 0	7 2	5 8	2 9	2 6
5400	15 0	10 8	7 11	7 1	5 7	2 8	2 5
5200	14 10	10 6	7 10	7 0	5 7	2 8	2 5
5000	14 8	10 5	7 9	6 11	5 6	2 7	2 4
4800	14 5	10 2	7 8	6 9	5 5	2 7	2 4
4600	14 2	10 0	7 8	6 7	5 5	2 7	2 3
4400	13 11	9 10	7 7	6 6	5 4	2 6	2 3
4200	13 8	9 8	7 7	6 5	5 4	2 6	2 2
4000	13 6	9 6	7 6	6 4	5 3	2 5	2 2
3800	13 3	9 4	7 4	6 3	5 2	2 5	2 1
3600	13 0	9 2	7 2	6 1	5 2	2 4	2 1
3400	12 8	8 11	7 0	5 11	5 1	2 4	2 0
3200	12 4	8 8	6 10	5 9	5 0	2 3	1 11
3000	12 0	8 5	6 8	5 7	5 0	2 2	1 10
2800	11 10	8 3	6 6	5 6	4 11	2 2	1 10
2600	11 8	8 0	6 4	5 5	4 9	2 1	1 9
2400	11 6	7 9	6 2	5 4	4 7	2 1	1 9
2200	11 3	7 6	6 0	5 2	4 5	2 0	1 8
2000	11 0	7 3	5 10	5 0	4 3	1 11	1 7
1800	10 7	6 11	5 8	4 9	4 0	1 10	1 7
1600	10 2	6 7	5 6	4 6	3 9	1 9	1 6
1400	9 9	6 3	5 4	4 3	3 6	1 8	1 5
1200	9 4	5 11	5 2	4 0	3 4	1 7	1 4
1000	9 0	5 7	5 1	3 9	3 2	1 6	1 3

POIDS des ANCRES.	DIAMETRE du trou où passe l'organeau.	DISTANCE du trou de l'organeau à la tête de la culasse.	EPAISSEUR de la tête de la culasse.	LARGEUR de la tête de la culasse.	DIAMETRE intérieur de l'organeau.	DIAMETRE de la grosseur de l'organeau.	LONGUEUR de l'organeau.	LONGUEUR de chaque bras, mesurée en ligne droite depuis le bec jusqu'à l'encolure.
	pouc. lig.	pouc. lig.	pouc. lig.	pouc. lig.	pouc. lig.	pouc. lig.	piés. pouc.	piés. pouc.
7000 ℔	3 9	3 10	6 0	8 11	25 1	3 4	7 8	6 0
6500	3 8	3 9	5 10	8 6	24 6	3 3	7 5	5 10
6000	3 7	3 8	5 9	8 1	23 9	3 2	7 2	5 8
5800	3 7	3 8	5 8	7 11	23 4	3 2	7 1	5 8
5600	3 6	3 7	5 8	7 9	23 1	3 1	7 0	5 7
5400	3 6	3 7	5 7	7 8	22 10	3 1	6 11	5 6
5200	3 5	3 6	5 7	7 7	22 7	3 0	6 10	5 5
5000	3 5	3 6	5 6	7 6	22 4	3 0	6 9	5 4
4800	3 4	3 5	5 5	7 4	22 0	2 11	6 8	5 4
4600	3 3	3 5	5 5	7 2	21 9	2 11	6 7	5 3
4400	3 2	3 4	5 4	7 0	21 6	2 10	6 6	5 2
4200	3 2	3 4	5 4	6 10	21 3	2 10	6 5	5 1
4000	3 1	3 3	5 3	6 8	21 0	2 10	6 4	5 0
3800	3 1	3 3	5 2	6 7	20 6	2 9	6 3	4 10
3600	3 0	3 2	5 2	6 6	20 1	2 8	6 2	4 9
3400	2 11	3 2	5 1	6 5	19 8	2 7	6 0	4 8
3200	2 10	3 1	5 0	6 4	19 3	2 6	5 10	4 7
3000	2 10	3 1	5 0	6 4	18 10	2 6	5 8	4 6
2800	2 9	3 0	4 11	6 3	18 5	2 5	5 7	4 4
2600	2 8	2 11	4 9	6 2	18 0	2 5	5 6	4 3
2400	2 7	2 10	4 7	6 0	17 7	2 4	5 4	4 2
2200	2 7	2 9	4 5	5 10	17 2	2 4	5 2	4 1
2000	2 6	2 8	4 3	5 8	16 9	2 3	5 0	4 0
1800	2 5	2 7	4 0	5 4	16 0	2 2	4 10	3 10
1600	2 4	2 6	3 9	5 0	15 3	2 1	4 8	3 8
1400	2 3	2 5	3 6	4 8	14 6	1 11	4 5	3 6
1200	2 1	2 4	3 4	4 5	13 10	1 10	4 2	3 4
1000	1 10	2 3	3 2	4 2	13 2	1 9	3 11	3 2

POIDS des ANCRES.	DIMENSIONS du bras au collet. Largeur.	DIMENSIONS du bras au collet. Epaisseur.	DIMENSIONS du bras à la naissance du carré. Largeur.	DIMENSIONS du bras à la naissance du carré. Epaisseur.	LARGEUR du carré du bras à la naissance du bec.	EPAISSEUR du carré du bras à la naissance du bec.
	pouc. lig.	pouc. lig.	pouc. lig.	pouc. lig.	pouc. lig.	pouc. lig.
7000 ℔	12 0	8 6	8 0	6 0	4 0	3 4
6500	11 7	8 4	7 9	5 10	3 11	3 3
6000	11 2	8 2	7 6	5 9	3 10	3 2
5800	11 0	8 1	7 4	5 8	3 10	3 2
5600	10 10	8 0	7 2	5 8	3 9	3 1
5400	10 8	7 11	7 1	5 7	3 8	3 0
5200	10 6	7 10	7 0	5 7	3 7	2 11
5000	10 5	7 9	6 11	5 6	3 6	2 10
4800	10 2	7 8	6 9	5 5	3 6	2 10
4600	10 0	7 8	6 7	5 5	3 5	2 9
4400	9 10	7 7	6 6	5 4	3 4	2 8
4200	9 8	7 7	6 5	5 4	3 3	2 7
4000	9 6	7 6	6 4	5 3	3 2	2 6
3800	9 4	7 4	6 3	5 2	3 2	2 6
3600	9 2	7 2	6 1	5 2	3 1	2 5
3400	8 11	7 0	5 11	5 1	3 0	2 4
3200	8 8	6 10	5 9	5 1	2 11	2 3
3000	8 5	6 8	5 7	5 0	2 10	2 2
2800	8 3	6 6	5 6	4 11	2 9	2 1
2600	8 0	6 4	5 5	4 9	2 8	2 0
2400	7 9	6 2	5 4	4 7	2 7	1 11
2200	7 6	6 0	5 2	4 5	2 6	1 10
2000	7 3	5 10	5 0	4 3	2 5	1 9
1800	6 10	5 8	4 9	4 0	2 4	1 8
1600	6 7	5 4	4 6	3 9	2 3	1 7
1400	6 3	5 4	4 3	3 6	2 2	1 6
1200	5 11	5 2	4 0	3 4	2 1	1 5
1000	5 7	5 1	3 9	3 2	1 11	1 3

POIDS des ANCRES.	LONGUEUR de chaque bec.	LONGUEUR du bout du bec.	EPAISSEUR du bout du bec.	LONGUEUR de la patte, non compris le bec.	La plus grande largeur de la patte.	EPAISSEUR de la patte au milieu de sa plus grande largeur.	EPAI[SSEUR] égal[e] côtés pa[tte]
	pouc. lig.	pouc. lig.	pouc. lig.	pouc. lig.	pouc. lig.	pouc. lig.	pouc.
7000 ℔	6 0	3 0	0 10	37 0	33 0	2 8	2
6500	5 10	2 11	0 9	36 2	32 3	2 7	2
6000	5 8	2 10	0 8	35 4	31 6	2 6	1
5800	5 8	2 10	0 8	35 4	31 3	2 6	1
5600	5 8	2 10	0 8	35 4	31 0	2 6	1
5400	5 6	2 9	0 8	34 6	30 8	2 5	1
5200	5 6	2 8	0 8	34 6	30 4	2 5	1
5000	5 4	2 8	0 7	33 8	30 0	2 4	1
4800	5 4	2 8	0 7	33 8	29 9	2 4	1
4600	5 3	2 7	0 7	32 9	29 6	2 3	1
4400	5 3	2 7	0 7	32 9	29 2	2 3	1
4200	5 2	2 7	0 7	31 10	28 10	2 2	1
4000	5 0	2 6	0 7	31 0	28 6	2 2	1
3800	5 0	2 6	0 7	30 0	28 3	2 2	1
3600	5 0	2 6	0 7	30 0	28 0	2 2	1
3400	5 0	2 5	0 7	30 0	27 8	2 1	1
3200	4 9	2 5	0 7	29 3	27 4	2 1	1
3000	4 9	2 4	0 6	29 3	27 0	2 0	1
2800	4 9	2 3	0 6	29 3	26 4	2 0	1
2600	4 8	2 2	0 6	28 4	25 8	1 11	1
2400	4 7	2 1	0 6	27 5	25 0	1 10	1
2200	4 5	2 0	0 6	26 5	24 3	1 9	1
2000	4 3	1 11	0 6	25 9	23 6	1 8	1
1800	4 2	1 10	0 5	23 10	22 3	1 8	1
1600	4 1	1 9	0 5	21 11	21 0	1 7	1
1400	4 0	1 7	0 5	21 0	19 9	1 6	1
1200	3 11	1 5	0 5	20 1	18 6	1 5	1
1000	3 9	1 3	0 4	19 3	17 3	1 4	1

ARTICLE II.

Jusqu'à présent, nous ne nous sommes occupés qu'à accumuler sur un vaisseau tous les moyens propres à la communication du mouvement; & le vaisseau a reçu tout cet appareil, en conservant l'immobilité la plus parfaite. Maintenant il est à propos de présenter ces moyens en action, & d'exposer comment, avec le secours d'un vent favorable, ils servent, soit à diriger un vaisseau sur une route déterminée, soit à lui faire faire les mouvemens & les évolutions nécessaires, soit enfin à lui donner toutes les situations que le vent, la mer & les circonstances peuvent exiger.

Mon dessein n'est pas de détailler toutes les manœuvres qu'on peut faire à la mer. La force du vent éprouve des variations si grandes, la stabilité de chaque bâtiment est si différente, l'état de la mer est si variable, & les vaisseaux ont des formes si dissemblables qu'on ne peut présenter ici que quelques regles générales de manœuvres. Les combinaisons particulieres sont trop nombreuses & dépendent trop du moment, pour qu'ici je puisse & doive les parcourir. L'expérience & des connoissances étendues, soit en physique, soit en mécanique, doivent diriger un Manœuvrier, & lui faire assortir aux circonstances particulieres l'application des regles générales de manœuvres. Je me bornerai donc à parler de ces préceptes généraux, parce que d'ailleurs ils suffisent au plan que je me suis proposé, & que les détails qu'ils exigent serviront assez à faire connoître amplement comment on emploie les voiles que nous avons établies avec tant de soin sur un vaisseau, comment on réunit ensemble les efforts particuliers de ces voiles, comment on les oppose l'un à l'autre, & enfin quel est l'effet particulier qu'on peut obtenir de chaque voile séparément.

Deux remarques essentielles doivent précéder ce que j'ai à dire sur cette matiere. La premiere a pour objet la position relative des voiles; & la seconde porte sur les différentes situations qu'on peut donner au plan d'une voile basse d'un vaisseau.

1°. Si jusqu'ici nous avons distingué entr'elles les voiles d'un vaisseau, c'étoit seulement ou parce qu'elles étoient plus grandes, ou parce qu'elles appartenoient à des mâts différens; ici il faut établir une nouvelle distinction, qui doit servir à diriger les Manœuvriers dans l'emploi qu'ils doivent faire de chaque voile d'un vaisseau. La position du centre de gravité d'un bâtiment étant connue, les voiles qui sont placées du côté de la proue par rapport à ce point, sont nommées voiles d'avant, & les autres situées du côté de la pouppe, portent le nom de voiles d'arriere. Ainsi les voiles du mât de misaine, celles de beaupré, les focs & les voiles d'étai du grand mât sont au nombre des voiles d'avant, tandis que celles d'arriere sont les voiles du grand mât, du mât d'artimon, & les voiles d'étai d'artimon. Cette distinction mérite d'autant plus d'être remarquée, qu'elle sert utilement, soit à mettre entre les voiles déployées un équilibre nécessaire, soit à rompre à propos cet équilibre. Pour donner à un bâtiment un mouvement de rotation qui le fasse changer de position avec autant de précision que de rapidité, ces voiles, comme on voit, agissent avec une énergie qui doit être proportionnée à leur distance de ce même centre de gravité: ainsi l'effet des unes est préférable à celui des autres, pour accélérer une évolution & la produire avec célérité. C'est pourquoi il devient donc nécessaire qu'un Manœuvrier, qui veut à son gré faire évoluer un vaisseau, ne puisse jamais douter de la position d'une voile. Ce doute ne peut jamais tomber sur les voiles du beaupré, du mât de misaine, des focs & des voiles d'étai du grand mât, ni sur les voiles du mât d'artimon, ni sur ses voiles d'étai; mais il peut avoir pour objet les voiles du grand mât. Car le lieu du centre de gravité d'un vaisseau n'est jamais assez bien connu, pour qu'on puisse assurer précisément quelle est la distance qui regne entre le lieu de ce centre & celui du grand mât. Cette distance d'ailleurs doit toujours être si petite, & le moment des voiles du grand mât doit être si peu considérable, qu'un Manœuvrier ne peut guere fonder sur l'effet seul de ces voiles le succès d'une évolution. Il est même un cas où la grande voile amurée autant qu'elle peut l'être, & le point sous le vent de cette voile étant cargué, alors l'effort de cette voile doit passer en avant du centre de gravité: cette voile doit donc alors être considérée comme voile d'avant. Toutes ces raisons rendent donc toujours fort douteux l'effet des voiles du grand mât pour produire la rotation d'un vaisseau, & un Manœuvrier habile sait en faire usage dans les circonstances où il peut se trouver.

Si on compare actuellement les voiles de l'avant & celles de l'arriere; si on examine comment elles sont situées, & si on calcule les effets séparés qu'on peut en attendre relativement aux mouvemens de rotation d'un vaisseau, on voit bientôt que les voiles de l'avant doivent avoir, pour faire tourner le vaisseau dans un sens, plus d'énergie que les voiles de l'arriere pour le faire tourner dans le sens opposé. Le grand mât est très-peu distant du centre de gravité; le mât de misaine, dont la voilure est à peu près égale à celle du grand mât, est bien plus éloigné de ce centre; & le beaupré, en s'élançant hors du vaisseau, semble éloigner de ce centre les efforts des voiles qu'il soutient, tandis que le mât d'artimon, dont la voilure est foible, est placé à peu de distance de ce centre de gravité. La somme des momens des voiles de l'avant est donc bien plus considérable que celle des momens des voiles de l'arriere, & il sembleroit que cette différence permettroit peu & de déployer toutes les voiles, & en même temps d'établir entre elles un équilibre nécessaire. Mais comme autant de voiles ne peuvent être déployées que lorsque la direction du vent oblige d'amurer les basses voiles, alors la résistance de l'eau est une nouvelle force placée latéralement & en avant du centre de gravité, qui détruit cette supériorité du moment des voiles de l'avant sur celui des voiles de l'arriere, & qui maintient l'équilibre cherché. La position de cette résistance devient alors le sujet d'une autre observation; c'est qu'elle est située très-avantageusement pour empêcher un vaisseau d'arriver, & par conséquent pour favoriser les manœuvres au vent. Ce sont aussi de telles raisons, qui ont rendu nécessaire cette grande différence que je viens de faire remarquer entre l'énergie des voiles d'avant & celle des voiles de l'arriere. Des forces nombreuses sont réunies utilement à l'avant, pour produire, malgré l'effet de la résistance de l'eau, l'arrivée ou l'abattée d'un bâtiment, tandis que de foibles moyens sont placés à l'arriere, pour faire tourner le vaisseau dans un sens vers lequel la résistance de l'eau le sollicite. Je n'ai pas parlé ici du gouvernail, parce qu'il peut, au gré des Manœuvriers, favoriser les mouvemens de rotation dans les divers sens, & parce que d'ailleurs il n'entre pas dans mon plan de parler d'autres effets que de ceux des voiles.

2°. Si j'ai fait remarquer ailleurs que le plan des voiles doit être vertical, je dois ajouter ici qu'en conservant toujours aux voiles cette position verticale, la direction du vent exige souvent qu'on fasse faire au plan de chaque voile, avec l'axe de longueur du vaisseau, des angles qui varient jusqu'à un certain point : tantôt le plan des voiles fait avec cet axe un angle de 90°; tantôt cet angle est moindre, & il diminue de plusieurs degrés, jusqu'à un certain terme déterminé par les dimensions du vaisseau. Ce terme extrême pour la grande voile, par exemple, a lieu lorsque cette voile est amurée de façon que le point inférieur touche au dogue d'amure. Si, dans ce cas, on veut juger de l'angle que fait la partie inférieure de cette voile (du côté du vent) avec l'axe de longueur; il faut savoir que le dogue d'amure est placé en avant du grand mât de toute la longueur du maître bau. Ainsi, en calculant quel doit être cet angle, on trouve qu'il est environ de 30°, ou à peu près de trois aires de vent : mais si la partie inférieure de la voile fait avec la quille un tel angle lorsqu'elle est amurée; la vergue de cette voile, quelque brassée qu'elle puisse être, est bien éloignée de faire avec le même axe un angle aussi aigu. Il y a des obstacles qui s'y opposent nécessairement. Ces obstacles sont les haubans sous le vent, qui ne permettent pas à la vergue de tourner assez autour du grand mât, pour venir se placer sous une si grande obliquité. Car, en consultant l'Art de la Mâture, on y verra que le premier hauban avant du grand mât, correspond au milieu de ce mât, c'est-à-dire que si un plan vertical passoit par le centre du grand mât, ce plan passeroit aussi par le premier hauban avant de ce même mât. Ainsi, d'après cette position & l'élévation connue de la vergue, si on calcule quel angle elle peut faire avec la quille dans un vaisseau de ligne, lorsqu'elle est brassée à toucher le premier hauban sous le vent, on trouvera que cet angle peut être au plus de 75° ou 70°. Cependant, dans le fait, il est ordinairement plus petit, parce que la grande voile étant amurée, comme nous l'avons dit, & les autres voiles étant orientées d'une maniere assortie, alors ces voiles, frappées par un vent frais, font nécessairement incliner le vaisseau sous le vent; par conséquent alors, le vaisseau étant à la bande, les haubans sous le vent ne conservent plus leur roideur primitive, &, devenant plus lâches, ils permettent à la vergue de prendre une position plus oblique à la quille. Cette obliquité est encore favorisée par le jeu qu'on donne aux drosses de la même vergue en les larguant un peu : de sorte que toutes ces facilités réunies donnent à penser que le plus petit angle que puisse faire la grande vergue d'un vaisseau avec la quille, est au plus de 50 à 60° ou de cinq aires de vent. Comme d'ailleurs il faut que la direction du vent fasse avec la vergue un angle qui soit au moins d'un quart de vent, pour qu'il puisse frapper dans les voiles d'un vaisseau de guerre, & produire une impulsion favorable à sa route; on voit par conséquent que si le vent faisoit avec la quille un angle plus petit que six quarts de vent, le vent seroit alors contraire à sa route, & aux projets du Manœuvrier.

Si maintenant on compare & l'angle de la quille avec la grande vergue brassée autant qu'elle peut l'être, & l'angle de la quille avec la partie inférieure & au vent de la voile; on reconnoîtra que le vent qui frappe les parties hautes de la voile sous un petit angle d'incidence, lorsque l'on court au plus près, doit agir sur la partie inférieure de cette voile sous un angle d'incidence plus grand de deux quarts de vent. On verra aussi que le plan de cette voile amurée s'éloigne beaucoup de la position verticale qu'il devroit avoir, & que par conséquent l'impulsion du vent est diminuée à raison de l'inclinaison de cette voile à l'égard de l'horizon. Cependant on obvie en partie à ce dernier inconvénient, par le secours de la bouline du vent. En roidissant cette manœuvre, on tire en même temps le côté de la voile de haut en bas & vers l'avant du vaisseau; ce qui fait que cette partie de la voile est présentée au choc du vent, sous un angle d'incidence bien plus grand que si cette voile étoit abandonnée à elle-même.

Ce que nous venons de dire de la grande voile, s'applique presque entiérement à la misaine. Cependant, je dois faire remarquer, en faveur de l'établissement de la voile de misaine, que les bras de la vergue de misaine sont placés très-avantageusement, tandis que la position des bras de la grande vergue est très-désavantageuse au brasseyage. Le bras dessous le vent de misaine tend à élever le bout de la vergue, lorsqu'il agit pour brasser au plus près; ce qui permet à cette vergue une rotation plus étendue, tandis que le bras sous le vent de grande vergue tend au contraire à faire baisser l'extrémité de la grande vergue, & par conséquent à diminuer le brasseyage.

Si on fait pareilles considérations sur les autres voiles d'un vaisseau, on verra que les vergues des huniers peuvent être brassées plus que les basses vergues, parce que les haubans qui s'opposent au brasseyage ne s'écartent du mât que proportionnellement à la largeur de la hune; ce qui fait qu'en calculant l'angle qu'une vergue de hunier brassée

pour

pour le plus près, peut faire avec l'axe de longueur du vaisseau, on trouve qu'il peut être de quatre quarts de vent au moins. Les vergues de perroquet peuvent encore être brassées plus que celles des huniers. Quant aux focs, aux voiles d'étai & à l'artimon, on voit parla position de leur écoute, comment leur plan peut être placé pour recevoir le choc du vent sous un angle d'incidence plus ou moins grand, ainsi que le terme où se borne l'augmentation de l'angle formé par le plan de chacune de ces voiles, & l'axe de longueur du vaisseau.

De toutes les réflexions que nous venons de faire, on peut conclure que la route d'un vaisseau étant donnée, le vent peut avoir une direction contraire ou favorable à cette route, si on divise la circonférence de l'horizon entre trente-deux parties égales ou aires de vent, & que, du centre de l'horizon, on mene des rayons à chaque point de division, pour indiquer la direction & le nombre des vents différens qui peuvent souffler des diverses parties de l'horizon; alors on reconnoîtra que de ces trente-deux vents principaux, il y en a dix qui sont contraires, & vingt-deux qui sont plus ou moins favorables à une route quelconque.

Après toutes ces remarques utiles à ce qui suit, je vais m'attacher à donner une idée générale des manœuvres d'un vaisseau, & de l'usage de ses voiles. Supposons donc, pour partir d'un point fixe, qu'un vaisseau soit mouillé dans un port ou une rade, & que le vent régnant soit favorable à son départ: nous allons le représenter mettant à la voile; nous le suivrons courant sur une direction déterminée, & nous ferons voir quelles sont les voiles dont on fait usage, soit relativement aux divers degrés de force & aux différentes directions que le vent peut avoir, soit relativement aux diverses évolutions, & aux mouvemens qu'on peut se proposer de produire dans ce vaisseau.

(*Fig.* 40.) Imaginons que ce vaisseau soit évité debout au vent, & qu'il soit à quelque distance de l'ancre mouillée qui le retient ou qui l'enchaîne à la même place. Le premier soin du Manœuvrier est de le rendre libre, & de le dégager de ses entraves, soit en coupant le cable qui l'arrête, si les circonstances sont trop pressantes, soit en tirant l'ancre du fond de la mer. La premiere maniere est la plus courte & la plus dispendieuse, mais elle n'est employée qu'à la derniere extrémité. La seconde est plus ordinaire, & voici le procédé qui est en usage pour l'exécuter. Comme le vaisseau est éloigné de son ancre, il s'en rapproche d'abord en se traînant à l'aide du cable, jusqu'à ce qu'il se trouve verticalement au dessus du lieu de la mer où repose cette ancre, & dans lequel sa patte est engagée. Ce cable *o m r*, qui sert à traîner le vaisseau jusqu'à ce point, n'est pas garni au cabestan (*Fig.* Z); mais il est uni en dedans du vaisseau à un autre gros cordage nommé *tournevire*, qui embrasse la circonférence du cabestan *r*. Cette tournevire *q z p* a cent brasses de longueur, & sa grosseur est les $\frac{1}{7}$ de celle des cables (*Fig.* Z). Ses extrémités terminées par des œillets, sont réunies en *y* & *q*, ou mariées ensemble par un aiguilletage, de sorte qu'alors cette tournevire est un cordage sans fin: d'ailleurs, sur divers points de sa longueur, cette tournevire est garnie de pommes qui rendent plus sûr l'usage de cette manœuvre. La tournevire est donc étendue sur le pont, depuis le cabestan qu'elle embrasse par trois ou quatre tours, jusqu'aux écubiers & au beaupré sous lesquels elle passe. Cette partie de la tournevire, qui regne depuis l'écubier jusqu'aux billes A B, accompagne & suit ce cable qui entre dans le vaisseau; &, pour cet effet, on les réunit ensemble par le moyen de plusieurs garcettes qui tournent autour du cable & de la tournevire; & les pommes, placées de trois pieds en trois pieds sur l'étendue de la tournevire, empêchent de glisser ces garcettes, qui quelquefois sont au nombre de vingt-cinq. C'est à l'aide de cet appareil qu'en virant ensuite un cabestan, la tournevire entraîne le cable, qui, à mesure qu'il rentre dans le vaisseau, est reçu dans la fosse aux cables où on le roue: ensuite les nouvelles parties de cable introduites dans le vaisseau par l'effort du cabestan, sont aussi réunies comme les précédentes à la tournevire, tandis qu'on défait les tours des garcettes placées précédemment, & devenus inutiles. C'est ainsi que, par des répétitions successives de cette manœuvre, le vaisseau s'avance vers son ancre & se trouve bientôt à pic. Pendant cette opération, qui occupe une partie de l'équipage, une autre partie est employée à tout préparer pour appareiller, ou à mettre en état d'être déployées des voiles convenablement placées. Ces préparatifs sont assortis à l'état du vent, & même du lieu où le vaisseau est mouillé. Je ne parlerai d'abord que du premier cas. Si le vent est maniable, ou qu'il ne soit pas trop fort, on hisse à tête de mât les vergues de grand, de petit hunier & de perroquet de fougue, avec leurs voiles ferrées, mais retenues seulement par des fils carrets; & on pare les focs (si le vent étoit violent, ces vergues ne seroient hissées qu'à mi-mât). Ensuite, si on se propose de faire abattre le vaisseau sur stribord, on brasse bâbord devant, & stribord derriere: c'est-à-dire qu'à l'aide des bras de bâbord, on brasse les vergues de misaine & de petit hunier, & on hale sur les bras de stribord de la grande vergue, de la vergue du grand hunier & de celle du perroquet de fougue; de sorte que ces voiles se trouvent orientées & prêtes à être déployées lorsque le vaisseau est rendu verticalement au dessus de son ancre. Tout étant en cet état, on vire au cabestan; alors l'ancre se dégage, quitte le fond, & le vaisseau, devenu libre, obéit aussi-tôt à l'impulsion du vent sur la surface des voiles désignées, qui sont déployées & bordées au moment où le vaisseau n'est plus arrêté par son ancre. (*Fig.* 41). Comme le vaisseau étoit évité debout au vent, le vent, dans le premier moment, ne frappe que sur le petit hunier brassé bâbord, & son effet est en même temps de faire culer le vaisseau, & de le faire tourner en poussant sa proue sous le vent. Le vaisseau commence donc ainsi une rotation accélérée par l'action du gouvernail dont on met la barre du côté vers lequel on veut abattre, & présente bientôt au choc du vent les voiles de l'arriere déployées pour le recevoir. Dès que le vent frappe dans les voiles d'arriere, on évente le petit hunier en brassant sous le vent, & on dirige alors le vaisseau sur la route qu'on veut lui faire tenir, en déployant d'ailleurs toutes les autres voiles que les circonstances peuvent permettre d'appareiller.

Je dois faire ici quelques remarques relatives aux détails de cette maniere d'appareiller. Appareiller n'est autre chose, comme on voit, que préparer un vaisseau, & le mettre en état d'être dirigé sur une route déterminée. Comme au premier moment, & lorsqu'il est encore mouillé, il est évité debout au vent, il faut nécessairement que sa proue soit poussée ou à droite ou à gauche de la direction du vent, jusqu'au point où le vent pourra frapper dans les voiles orientées au plus près. C'est aussi pour produire cette abattée, que les focs & le petit hunier sont employés préférablement, & leur position indique assez que leur effort doit produire cet effet aussi sûrement que rapidement. Le grand hunier & le perroquet de fougue, brassés à contre, reçoivent bien, dans le premier moment, le vent sur leur face antérieure, ce qui accélere la rotation : mais bientôt le vent frappe dans ces voiles, & leur effet modere alors l'abattée, que les voiles d'avant tendent toujours à augmenter. La proue du vaisseau décrit donc dans cette abattée un arc de six aires de vent au moins, à compter du point où le vaisseau étoit debout au vent. Dans cet état, & lorsque les voiles d'arriere sont éventées, le vaisseau est donc sollicité par les voiles d'avant à tourner dans un sens & à culer, tandis que les voiles d'arriere le pressent d'avancer & de tourner en sens contraire ; c'est-à-dire, que si l'équilibre est bien établi entre ces forces, le vaisseau ne doit avancer ni reculer, mais il doit dériver au gré du vent & de la mer. On changeroit promptement la situation de ce vaisseau, en éventant le petit hunier, déployant les voiles nécessaires, & gouvernant sur la route donnée, si toutefois l'ancre qui a quitté le fond au moment de l'appareillage, se trouvoit alors au dessus de la surface de l'eau. Mais si la mer est profonde dans l'endroit du mouillage, alors le temps nécessaire pour appareiller n'est pas suffisant pour élever l'ancre au dessus de l'eau à l'aide du cabestan, &, dans ce cas-là, le vaisseau, ainsi que ses voiles, ne changent pas de position. Les voiles restent brassées comme elles étoient en appareillant, & le vaisseau dérive, jusqu'à ce qu'enfin l'ancre paroisse au dessus de l'eau ; alors on évente le petit hunier, & on fait servir pour la route proposée. Faire servir, suivant le langage des Marins, c'est éventer les voiles, & déployer toutes celles qui peuvent être utiles. L'ancre qui paroît au dessus de l'eau, est ensuite rangée à la place. Pour cet effet, on accroche ce croc de la poulie de capou B (*Fig. V.*) à l'organeau de l'ancre, & on décharge le cable Q de ce pesant fardeau, qui est alors porté par le bossoir : on éleve cette ancre jusqu'au bossoir A, & lorsqu'elle est haute, on passe dans l'organeau un gros cordage *z l u m*, nommé *bosse debout*, dont une extrémité est retenue au dessus du bossoir par un cul-de-porc *z* qui la termine, tandis que le courant traverse un trou vertical pratiqué dans l'épaisseur du même bossoir. Cette bosse, après avoir passé dans l'organeau, remonte par-dessus la tête du bossoir, & se rend à un taquet cloué sur le gaillard, où elle est solidement amarrée. La poulie de capou, alors sans effet, est décrochée, & l'ancre est encore dans une position verticale ; on la range ensuite le long de bord par le moyen de la candelette de misaine, avec laquelle on la saisit par une patte, & on l'éleve jusqu'à ce qu'elle soit dans une position horizontale, où on la maintient à l'aide d'un gros cordage nommé *serre-bosse*, qui est amarré autour d'un apotureau.

Ranger ainsi une ancre le long de bord, c'est la traverser.

En faisant l'appareillage précédent, nous avons supposé au Manœuvrier le dessein de faire abattre sur stribord ; si le vaisseau eût dû abattre sur bâbord, alors on auroit brassé stribord devant & bâbord derriere, & le reste de l'appareillage auroit été conforme à ce qui a été dit précédemment. On doit seulement remarquer ici, que lorsque le vaisseau est dans un espace libre, alors on a soin de le faire abattre vers le côté opposé à celui de l'ancre qui étoit mouillée. Mais souvent un vaisseau n'est pas mouillé dans un espace vaste & libre de tout obstacle ; souvent il faut le faire abattre promptement, & sur le lieu même où il se trouve éloigné de son ancre ; alors l'abattée exige de nouvelles opérations. Dans ce cas, si le temps le permet, on amarre en dehors du vaisseau, sur le cable de l'ancre mouillée, une aussiere qu'on fait passer par un sabord de l'arriere, & qu'on garnit au cabestan. En roidissant cette aussiere, & en filant le cable à proportion, le vaisseau abat du côté opposé à l'aussiere, & on regle à son gré la grandeur de l'abattée ; par ce moyen, l'abattée se fait sans que le vaisseau prenne aucun mouvement progressif. Si, après l'abattée, la direction du vent est telle que les voiles orientées puissent porter, alors on dirige le vaisseau sur la route donnée. Mais si, l'abattée faite, le vent ne donnoit encore que sur les voiles, alors on établiroit ces voiles comme on l'a fait précédemment pour appareiller ; si le temps nécessaire à ces opérations étoit trop long pour la situation où l'on se trouve, on couperoit le cable, & on appareilleroit.

Cette façon d'appareiller n'a lieu que dans les circonstances les plus pressantes, parce que le vaisseau fait alors des pertes considérables. Il laisse à la mer une aussiere, un cable, & une ancre.

Je me suis contenté jusqu'ici de désigner seulement les voiles employées pour appareiller, sans détailler particuliérement ni comment on s'y prend pour les orienter & les déployer, ni pourquoi elles sont choisies préférablement aux autres voiles qui font partie de la voilure d'un vaisseau. Le premier objet n'a pas, je pense, besoin d'un grand développement, si on se souvient de tout ce qui a été décrit dans cet Ouvrage & dans l'Art de la Mâture : car déjà on a dit que les vergues des huniers sont hissées à l'aide de leurs drisses & de leurs itagues, qu'elles sont brassées par le secours des bras, & bordées en tirant sur leurs écoutes. Il n'est donc plus question que de motiver la préférence qu'on donne à ces voiles sur les autres dans les appareillages. Comme on doit faire abattre le vaisseau, & que le vent est censé venir de l'avant, il faut aussi que ce soit quelque voile de l'avant, telle que le petit hunier ou la misaine, qui soit déployée pour produire l'abattée désirée ; & certainement pour un tel effet, le petit hunier est, à tous égards, préférable à la misaine ; car un hunier orienté au plus près, est toujours mieux établi qu'une basse voile orientée aussi au plus près. Sa bordure est bien tendue le long de la grande vergue ; & lorsqu'il est bordé avec soin, la surface approche beaucoup d'une surface plane, parce que ses fonds sont bien déployés dans toute leur étendue ; au lieu que, dans une basse voile orientée & déployée aussi bien qu'elle peut l'être, la bordure plus grande que la largeur du vaisseau, n'est jamais bien tendue, & le fond de cette voile prend par conséquent une courbure considérable sous le poids du vent. De sorte que, si cette voile étoit orientée pour un appareillage, c'est-à-dire si elle recevoit le vent sur sa face antérieure, elle se courberoit irrégulièrement, & le vent repousseroit différentes parties de sa surface, soit sur les haubans du côté du vent, soit dans le vuide qui regne entre les haubans & le mât de misaine. Ainsi, dans une telle position, cette voile contribueroit plus à faire culer le vaisseau qu'à le faire abattre. La préférence est donc bien due au petit hunier ; & les Marins sont convenus assez généralement d'appareiller suivant le procédé indiqué précédemment. La premiere maniere d'appareiller ne convient, à la rigueur, que lorsqu'après l'appareillage on se propose de courir au plus près ou quelques quarts largues. Car si la route proposée pouvoit être faite à l'aide d'un vent arriere, on se dispenseroit, en appareillant, de déployer & le perroquet de fougue & le grand hunier, qui, par leur effort, retarderoient l'effet du petit hunier & des focs suffisans. D'ailleurs, pour ramener le bâtiment à avoir vent arriere dans tout autre cas, dès que le vaisseau aura fait son abattée (c'est-à-dire, de six aires de vent), il faut alors qu'il coure de l'avant, & qu'il acquiere de la vîtesse, pour que le gouvernail devienne susceptible d'action ; il faut donc nécessairement que les deux huniers & le perroquet de fougue soient appareillés comme on l'a dit auparavant. D'ailleurs, avant d'appareiller, la route est déjà déterminée, & on sait d'avance quelle sera, après l'appareillage, la voilure nécessaire, soit pour diriger le vaisseau, soit pour le maintenir & le faire courir sur la route proposée. Dès qu'on a appareillé & qu'on veut mettre en route, alors les combinaisons se multiplient, & les cas seroient innombrables si je voulois seulement en faire l'énumération. La route peut avoir, dans sa direction, des rapports très-variés avec la direction du vent, & les manœuvres sont variées comme ces rapports : le vent d'ailleurs peut avoir différens degrés de force, & la voilure est toujours assortie à l'état du vent. Mais afin de parcourir les cas généraux de manœuvre, sans cependant les approfondir, je me bornerai à supposer d'abord que le vaisseau doit courir vent arriere ; je supposerai ensuite que la direction du vent fasse avec la quille un angle qui augmente graduellement jusqu'à se ranger au plus près. J'imaginerai aussi, en décrivant les manœuvres relatives, que le vent frais d'abord acquiert une force toujours croissante jusqu'au dernier degré de violence, & je ferai connoître quelles sont, dans tous ces cas, & la voilure & les manœuvres convenables, en traçant ce qui est pratiqué généralement par tous les hommes de mer. Après ces premiers détails, j'exposerai comment on manœuvre, soit pour faire virer de bord le vaisseau considéré sous une voilure donnée, lorsqu'on veut le faire changer de route, soit pour mettre en panne, ou pour arrêter ce vaisseau dans sa route au milieu d'une mer sans fond, à l'aide de ses voiles, soit enfin pour conduire un vaisseau au mouillage, c'est-à-dire en un lieu de la mer où le vaisseau, à l'abri des vents, soit sûrement retenu par les ancres mouillées dans un bon fond.

Enfin, toutes les especes de manœuvres qu'on peut faire sur un vaisseau, se réduisent à celles dont j'ai fait l'énumération. Il suffiroit donc à tout homme qui se charge de conduire un vaisseau, de savoir : 1°. appareiller ; 2°. déployer & orienter les voiles convenables à une route proposée & à un vent donné ; 3°. virer de bord ; 4°. mettre en panne, & 5°. enfin, conduire un vaisseau au mouillage. Mais à ces connoissances, il faut qu'il joigne une pratique de la mer, une longue expérience & un jugement prompt, qui, dans l'occasion, l'aident à commander la manœuvre la meilleure. Si tous les principes de manœuvre sont simples, leur application & leur combinaison sont souvent difficultueuses. Les forces à combiner sont en petit nombre : c'est la résistance de l'eau, c'est l'effort des voiles, c'est l'action du gouvernail ; mais la masse à mouvoir, c'est-à-dire, le vaisseau, présente de nouvelles difficultés. Il faut connoître sa stabilité, il faut apprécier la force de ces mâts, & le degré de résistance dont ils sont susceptibles. Il faut avoir examiné si, par sa forme, il est propre à gagner au vent ou à tomber sous le vent en dévirant plus ou moins. Il faut enfin, par la position de ses mâts & de ses voiles, connoître, dans tous les cas, les moyens d'établir entre les voiles un équilibre nécessaire, & une convenance qui fasse que, sous la voilure adoptée, le vaisseau prenne la vîtesse exigée par les circonstances. C'est sous un tel point de vue qu'on doit considérer la science d'un habile Marin, & c'est ainsi qu'on peut juger quel doit être le nombre de ses connoissances. Le plan que je me suis proposé de remplir, ne peut pas embrasser tous ces objets, dont la plupart dépendent plus de l'expérience que de principes mathématiques. Mon plan est borné nécessairement aux seuls objets que j'ai annoncés précédemment, & je vais développer toutes les parties de cette matiere qui peuvent être discutées dans un Ouvrage de la nature de celui-ci.

Supposons que le vaisseau doive courir vent arriere après avoir appareillé, alors, en appareillant, on le laisse abattre jusqu'à ce qu'il présente directement sa pouppe à l'impulsion du vent. Il est cependant à remarquer, que si, pour appareiller, on a déployé le grand hunier, la rotation du vaisseau ou son abattée ne tarde pas à ramener le vent dans cette voile, & alors on évente le petit hunier; bientôt le vaisseau ne cule plus, & aussi-tôt qu'il court de l'avant, on met la barre au vent, afin que, pressé par plusieurs forces ainsi réunies, le vaisseau abatte autant qu'il est nécessaire. Si cependant ces forces ne suffisoient pas, & que le vaisseau fût arrêté dans sa rotation; ce seroit une preuve que les voiles de l'arriere agiroient avec trop d'avantage contre les voiles de l'avant, & balanceroient leur effet. C'est pourquoi, dans un tel cas, les voiles de l'arriere sont mises en ralingues, c'est-à-dire qu'on les brasse & les oriente de façon que leur plan soit situé exactement dans la direction du vent. Les voiles d'arriere sont alors sans effet, & les voiles d'avant agissent assez efficacement pour produire toute l'abattée convenable. Dès que la rotation est achevée, & que le vaisseau reçoit le vent de l'arriere, alors on laisse tomber la misaine, c'est-à-dire qu'en la déferlant & larguant les cargues, son poids entraîne la partie inférieure & sert à la déployer. Ensuite on la borde également à l'aide de ces deux écoutes; on brasse carré le grand hunier & le perroquet de fougue; & si le temps est beau, on joint à ces voiles le grand perroquet, ainsi que les bonnettes de misaine de grand hunier & de grand perroquet. On conserve toujours déployés & le petit foc & le petit hunier, quoique le vent arriere ne puisse pas frapper sur leur surface, parce que ces voiles peuvent être utiles pour gouverner le vaisseau dans un cas imprévu.

Si sous cette voilure le vent arriere augmente en force & devient très-frais, alors on serre toutes les voiles hautes, ainsi que les bonnettes de perroquet & de hunier: ensuite on amene, on cargue, & on serre le grand perroquet ainsi que le perroquet de fougue. On amene les bonnettes basses, & on amene même le petit hunier si le vent est violent. Ainsi l'on court alors sous la misaine & le grand hunier; & enfin si sa force prend un accroissement trop considérable, on serre aussi la misaine, ce qui arrive rarement.

Lorsque le vaisseau, poussé par un vent arriere, continue de poursuivre une route proposée, & qu'il arrive dans des régions où le vent n'a plus sa même direction, la voilure change aussi suivant le changement du vent. Si sa nouvelle direction fait avec la quille un angle de 150°. de 140°, à compter de l'avant du vaisseau, alors on brasse un peu les vergues sous le vent, de façon qu'au lieu de faire avec la quille un angle de 90°, comme auparavant, elles fassent un nouvel angle moindre de quelques degrés. On amure la misaine en portant le point du vent en avant & jusques auprès du bossoir; & si le temps est beau, à la voilure qu'on faisoit vent arriere, on ajoute la grande voile (*Fig.* 39), dont on cargue le point du vent; & on peut y joindre aussi toute autre voile, excepté les bonnettes sous le vent. Si, sous une telle voilure, l'équilibre des voiles l'exigeoit, on borderoit l'artimon, pour arrêter les écarts du vaisseau & le maintenir sur la route proposée. Les focs d'ailleurs, ainsi que les voiles d'étai, peuvent aussi faire partie des voiles déployées. Mais si le vent devient considérable sans changer de direction, on réduit la voilure précédente aux quatre voiles majeures, c'est-à-dire, la misaine, les deux huniers & la grande voile, toutes les autres étant soustraites à l'impulsion du vent si le temps l'exige. Le point du vent de la grande voile reste encore cargué, ensuite se conforme aux nouveaux degrés de force que le vent peut acquérir; on prend des ris dans les huniers, & si le temps force de prendre tous les ris, alors on serre la grande voile; un nouveau degré de violence dans le vent, fait ensuite serrer les huniers, & on court sous la misaine & le petit foc. (*Fig.* 42).

Si la direction du vent vient encore à changer, & que sa force d'abord médiocre augmente successivement en suivant les gradations déjà désignées, alors on oriente différemment les voiles employées précédemment. Si, par exemple, l'angle du vent avec la quille diminue jusqu'à être de 100° (ou trois quarts largues, suivant le langage des Marins); dans cette supposition & d'un vent maniable, le vaisseau peut porter toutes voiles dehors, les voiles basses étant amurées, l'une au minot, & l'autre au dogue d'amure. Ainsi les vergues sont brassées plus que dans le cas précédent. Le vent devenant très-frais, on ne laisse au vaisseau que les quatre voiles majeures déployées. Si le vent fraîchit davantage, on serre les huniers lorsque les qualités du vaisseau imposent cette obligation; autrement, on les laisse déployées, & on hale les boulines des basses voiles. Sous cette derniere voilure & avec le vent supposé, souvent un vaisseau a une marche si rapide, qu'on est obligé de tenir toujours au vent la barre du gouvernail, parce que la résistance de l'eau tend sans cesse à faire venir le vaisseau au vent. D'ailleurs, si dans cette circonstance on veut aider l'action du gouvernail, on borde moins la grande voile que la misaine; ce qui fait que l'effort de cette voile étant moins considérable, les aulofées du vaisseau, c'est-à-dire ses écarts du côté du vent, sont moins vifs, moins étendus, & moins nombreux. Mais si, malgré ces précautions, la grande voile fait venir le vaisseau trop au vent, alors on la cargue. Le vent devient-il plus fort lorsque le vaisseau court sous la derniere voilure? on prend les ris dans les huniers, & on cargue la grande voile si déjà elle ne l'a pas été; & le vent croissant encore en force, le vaisseau poursuit sa route sous la misaine & le petit foc, malgré la violence du vent qui doit devenir extrême pour obliger à serrer ces voiles. (*Fig.* 42.)

Si

Si enfin le vaisseau court au plus près du vent, c'est-à-dire si la direction du vent ne fait plus avec la quille qu'un angle de six quarts de vent (*Fig.* 1 & 2); alors de beau temps on peut mettre toutes voiles dehors, excepté les bonnettes qu'on ne déploie plus dès que le vent fait avec la quille un angle plus petit que 90°. Mais toutes ces autres voiles sont employées avec succès. On hale toutes les boulines, & on déploie même la civadiere après avoir pris dans cette voile le ris qui est du côté du vent (*Fig.* 2). On prend ce ris, parce que, sous cette voilure, le vaisseau donne à la bande; & la civadiere, toute déployée & sans ris pris, tremperoit dans la mer.

Dès que le vent fraîchit, on amene les voiles hautes, c'est-à-dire les perroquets; on amene aussi les voiles d'étai, excepté la voile d'étai de hune qu'on garde plus long-temps, parce qu'elle ne fatigue pas la mâture. Si la force du vent oblige d'amener le grand foc, on cargue en même temps l'artimon, & on court sous les quatre voiles majeures, le perroquet de fougue, la voile d'étai de hune, & le petit foc. Si le temps devient assez imposant pour forcer à prendre jusqu'à trois ris dans les huniers, alors on serre le perroquet de fougue, ainsi que la voile d'étai de hune. Si la force du vent prend un nouvel accroissement & par gradation, on serre aussi successivement d'abord le petit hunier, ensuite le grand hunier, & enfin, si on ne peut pas tenir les deux basses voiles déployées, on met à la cape. On voit donc qu'il n'y a qu'un vent violent qui puisse forcer de mettre à la cape. Mais non seulement sa violence oblige à courir sous cette foible voilure, sa contrariété force aussi d'avoir recours à ce même état de voilure (On sait d'ailleurs qu'un vent est réputé contraire, dès que sa direction fait avec celle de la route proposée un angle plus petit que six aires de vent). Dans tous ces cas, on fait une foible voilure, soit pour éviter les effets que produiroit la fureur du vent, soit pour s'éloigner de la route proposée le moins qu'il est possible, & on remplit ces deux objets, soit en exposant peu de voiles au choc du vent, soit en présentant les voiles déployées très-obliquement à la direction du vent, de sorte que l'effort résultant soit aussi foible qu'il peut l'être. On met à la cape sous des voilures différentes. Les qualités du vaisseau ou la maniere dont il se comporte sous l'effort d'un gros vent & au milieu d'une mer furieuse, décident dans le choix d'une cape convenable. Tantôt un vaisseau est à la cape sous la grande voile & le petit foc, tantôt sous la misaine seule & le petit foc, tantôt sous l'artimon & le petit foc, tantôt sous la grande voile d'étai & le petit foc, & tantôt sous la voile d'étai d'artimon & le petit foc (On tient dans toutes ces capes la barre sous le vent). Celle de ces capes sous laquelle le vaisseau paroît être moins fatigué par la mer, est celle qui fixe le choix du Manœuvrier. Cependant il arrive quelquefois que la violence extrême du vent ne permet pas même de rester à la cape, & on est obligé de serrer toutes les voiles de la cape, parce que, sans cette précaution, on les verroit bientôt enlevées par le vent; alors on court à sec, c'est-à-dire, sans voile, & on fait vent arriere. Mais la mer peut devenir si grosse qu'elle menace le vaisseau d'un danger pressant, &, dans cette extrémité, cédant à la nécessité, on expose quelques voiles au vent, pour que le vaisseau coure de l'avant & puisse fuir les coups de mer.

Lorsqu'on est à la cape sous la misaine, il peut se faire qu'on soit obligé de faire arriver le vaisseau, ou parce qu'on est engagé, ou parce qu'on veut éviter un écueil; & quelquefois les voiles déployées, quoique placées à l'avant du centre de gravité, ne peuvent pas produire cet effet nécessaire; le vaisseau refuse d'obéir, soit au gouvernail, soit à l'effet des voiles de l'avant. Dans cette extrémité dangereuse, il faut d'abord filer l'écoute de misaine, parce qu'alors cette voile prenant, sous l'effort du vent, une courbure plus grande, le centre d'effort est porté plus en avant du centre de gravité, & tend alors plus avantageusement à pousser la proue sous le vent. Si cette manœuvre ne réussit pas, & si la circonstance est pressante, il faut couper le mât d'artimon, qui, par sa surface & celle de son grément, s'oppose toujours à l'arrivée du vaisseau. Si cette perte ne suffit pas, on abat le grand mât par la même raison. Alors il devient presque impossible qu'après ces sacrifices & ces pertes énormes, le vaisseau n'obéisse pas aux voiles de l'avant.

Telles sont les manœuvres générales que les changemens du vent, dans sa force & sa direction, obligent de faire pour maintenir un vaisseau sur une route proposée. On voit par ces détails, que les Marins proportionnent la voilure à l'état du vent, en ayant égard d'ailleurs à toutes les considérations dont nous avons fait plus haut l'énumération, en parlant de l'étendue des connoissances qu'un Marin doit avoir pour manœuvrer avec sûreté & avec succès. Ce sont encore ces mêmes considérations qui doivent faire juger combien les manœuvres que je viens de présenter sont susceptibles de variations dans les applications qu'on peut en faire dans différens vaisseaux.

Je dois ajouter ici quelques développemens utiles à l'intelligence complette des manœuvres précédentes. Sans doute on doit imaginer comment les voiles sont déployées, orientées & serrées lorsque le vent est doux; mais aussi on doit juger que les Marins prennent des précautions pour faire dans un mauvais temps les mêmes opérations. Les remarques que je veux joindre ici, ont donc pour objet la maniere d'appareiller ou de serrer dans un gros temps, soit un hunier, soit une basse voile; car les autres voiles ne sont pas employées dans pareilles circonstances. Veut-on déployer un hunier malgré un grand vent? on commence par mettre sa vergue dans la direction du vent, en la brassant autant qu'il est possible, & même en faisant venir le vaisseau au vent de quelques quarts de vent, pour mieux border le hunier dans cette position; alors la vergue étant sur le ton du mât (car ce n'est qu'en appareillant qu'on hisse la vergue d'un hunier au haut du mât avant de la déployer. Lorsqu'on est à la mer, on borde le hunier avant de hisser la vergue), on déferle le hunier, & on le borde d'abord sous le vent en halant son écoute, ensuite on le borde au vent, & les écoutes étant bien amarrées, on brasse la vergue à recevoir le vent dans la voile, & enfin on hisse la vergue. Ce dernier mouvement est même secondé par l'effort du vent qui enfle la voile, & qui par conséquent souleve la vergue. Cette vergue hissée, on la brasse convenablement à la route qu'on fait ou qu'on veut faire.

Veut-on ferrer le hunier pressé par l'effort d'un gros vent? on amene la vergue sur le ton, & on la brasse au vent; ensuite on pese sur toutes les cargues au moment où on déborde, & alors on le cargue & on le serre.

Quant à une basse voile, si on veut la déployer & l'amurer dans un gros temps, on brasse la vergue de façon qu'elle soit sur la direction du vent; est-elle rendue à cette position ou à peu près? on largue toutes les cargues ensemble, excepté la cargue du point qui est sous le vent, & on hale l'amure. La voile étant amurée, on file la cargue-point dessous le vent, & on borde la voile: ensuite si on veut courir au plus près, on file le bras du vent, & on hale la bouline sans brasser sous le vent. Si alors il y a beaucoup de tangage, on doit tenir roide le bras du vent & mollir celui sous le vent. Veut-on carguer la grande voile, par exemple, le temps étant toujours le même? comme par cette manœuvre on veut quelquefois faire arriver le vaisseau, comme aussi on peut vouloir suivre la même route, alors les manœuvres sont assorties à ces différens cas. Dans le dernier cas, on cargue d'abord le point du vent, ensuite on cargue celui qui est sous le vent, &, dans le même moment, on pese sur toutes les cargues, de sorte que la voile se trouve retroussée promptement sans battre contre le mât: ce qui arriveroit si on larguoit le point dessous le vent avant celui du vent. Dans le premier cas, c'est-à-dire si c'est pour arriver qu'on cargue la grande voile, alors c'est le point sous le vent qui est cargué le premier, parce que la partie de cette voile qui est retenue au vent par l'amure, fait alors fonction de voile d'avant, & tend à produire & à favoriser l'arrivée du vaisseau. Le point du vent est ensuite cargué, & toutes les cargues étant mises en action en même temps, la voile est aussi-tôt carguée.

Quant aux focs & aux voiles d'étai, elles sont manœuvrées sans exiger de précautions particulieres.

Revenons au vaisseau qui, sous plusieurs voilures, a poursuivi toujours la même route, sauf tout effet de la dérive; & supposons qu'ayant les amures sur un bord, on veuille le faire changer de route, & prendre les amures sur l'autre bord, en présentant au vent le côté du vaisseau qui auparavant étoit sous le vent: faire cette manœuvre, c'est virer de bord, suivant les Marins. On vire de bord de deux manieres, parce que le vaisseau peut tourner en deux sens différens pour se rendre dans la nouvelle position où on veut le présenter. Les Marins définissent ces deux manieres de faire tourner le vaisseau, par la situation où se trouve le vaisseau par rapport au vent dans chacune de ces évolutions. Comme le vaisseau est supposé courir au plus près du vent, & que les voiles sont amurées à stribord, par exemple, on peut faire tourner le vaisseau de façon que bâbord vienne se présenter au vent, sous le même angle d'incidence, soit en produisant dans ce vaisseau une rotation dans le sens de bâbord à stribord, ou de stribord à bâbord. Si on le fait tourner de bâbord à stribord, dans cette évolution, le vent doit frapper nécessairement sur les voiles, son avant doit s'élancer directement contre le cours du vent, & alors le vaisseau est dit virer de bord vent devant. Si, les amures étant supposées toujours à stribord, on fait tourner le vaisseau de stribord à bâbord, on voit que, pendant la rotation, le vent frappera toujours dans les voiles, & l'arriere recevra directement le choc du vent; c'est ce qui a fait nommer cette évolution, virer de bord vent arriere, ou lof pour lof. On voit donc que l'étendue de l'évolution en virant de bord vent devant, est moins considérable que lorsqu'on vire vent arriere: car si, avant & après l'évolution, le vaisseau court toujours au plus près sur chaque bord, l'arc qu'il décrit en virant vent devant, est au moins de 136°, parce qu'on sait que le vaisseau étant au plus près, l'angle de la quille avec la direction du vent, est au moins de 68°, & lorsqu'il vire vent arriere, cet arc est de 224°.

Si on veut que le vaisseau vire de bord vent devant, on fait en sorte qu'il commence son évolution en venant au vent le plus vivement possible. Cette rapidité de rotation qui est nécessaire, & qui dépend sur-tout de la vîtesse progressive du vaisseau avant l'évolution, ne permet pas qu'on puisse virer vent devant lorsque le vaisseau court sous les deux basses voiles seulement, ou sous la misaine amurée au plus près. Ces voiles ne donnent pas aux vaisseaux un sillage assez considérable, pour que l'action du gouvernail ait une énergie suffisante: c'est pourquoi à la cape sous les basses voiles, jamais on ne vire de bord vent devant.

Si le temps est beau, & qu'on veuille virer de bord vent devant, toutes voiles dehors orientées pour le plus près du vent, on commence par faire arriver le vaisseau d'un quart ou d'un demi-quart de vent; pour augmenter sa vîtesse, on lui donne plus d'air. Dans ce moment, les Matelots sont distribués dans tous les lieux où il faut agir pour l'évolution, c'est-à-dire, près des bras, des écoutes, des boulines, &c. Ces préparatifs étant faits, on met la barre droite, parce que le vaisseau ayant une course oblique à sa quille, la position de la résistance de l'eau suffit pour faire venir le vaisseau au vent. Le vaisseau commence donc alors son évolution, & dès que les voiles viennent en ralingue, on pousse doucement la barre du gouvernail sous le vent; on largue les écoutes des focs & des voiles d'étai d'avant, & le vaisseau continue son évolution jusqu'à masquer ses voiles, c'est-à-dire à recevoir le vent sous ses voiles (*Fig.* 43). Aussi-tôt que les voiles sont masquées, on souleve les points du vent des basses voiles, en pesant un peu sur les cargue-points, & on largue les écoutes des voiles de l'arriere. Le vaisseau, par une rotation continuée, se trouve bientôt debout au vent, & dès qu'il est arrivé à ce point, on décharge les voiles de l'arriere, ce qui se fait en larguant en même temps & les bras qui auparavant étoient sous le vent, & les boulines du vent; ensuite on oriente ces mêmes voiles du côté opposé (*Fig.* 44). Ainsi le perroquet de fougue, le grand hunier & la grande voile, &c. sont changés en même temps, & les premiers sont orientés au plus près lorsque la grande voile a été amurée. Aussi-tôt que la rotation suivie du vaisseau ramene le vent dans les voiles de l'arriere déjà orientées au plus près, on décharge les voiles de l'avant (*Fig.* 45), en brassant les vergues de ces voiles, & en les orientant au plus près, après avoir amuré la misaine. L'effort de ces voiles d'arriere retarde bientôt la vîtesse de rotation; & comme les voiles de l'avant, pendant qu'on s'occupe à les changer, ne font aucun effet, souvent les voiles de l'arriere qui amortissent d'abord toute la vîtesse de rotation dans le premier sens, jetteroient bientôt le vaisseau au vent : on arrête donc cette nouvelle rotation en bordant les focs & les autres voiles d'avant, qui rétablissent un équilibre nécessaire entre toutes les voiles, & permettent au vaisseau de courir au plus près, & sans écarts, sur le bord opposé à celui sur lequel il couroit précédemment.

Dans les détails de cette évolution, on doit remarquer le jeu particulier de chaque voile. Dès que, dans le premier instant, le gouvernail, par son action seule, a rompu l'équilibre & que le vaisseau vient au vent, alors les voiles d'avant recevant le vent sur leur surface antérieure, tendent à accélérer la rotation commencée. Cet effet est réellement un peu contrarié par celui des voiles de l'arriere, qui, toujours orientées comme auparavant, reçoivent le vent sur leur face antérieure. Mais la rotation ayant commencé avec vivacité, parce que l'accroissement de vîtesse, communiqué au vaisseau avant de virer, a donné à l'action du gouvernail une très-grande énergie, cette rotation doit continuer si on a pris les précautions indiquées, & le vaisseau doit s'élancer vivement dans le vent. Sa proue, en tournant, a-t-elle dépassé le vent? alors il faut penser à se précautionner contre cette grande vîtesse de rotation, qui est toujours entretenue par les voiles d'avant, & qui n'est plus retardée par les voiles d'arriere. Aussi oriente-t-on promptement les voiles de l'arriere sur le bord opposé; & dès que ces voiles nouvellement orientées sont éventées, leur effet, qui tend à diminuer la rotation, anéantit bientôt cet excès de vîtesse de rotation, qui porteroit le vaisseau au delà des bornes où il doit s'arrêter. Les voiles d'avant établies ensuite sur l'autre bord & réunies aux voiles d'arriere, achevent enfin de rétablir l'équilibre, & donnent ensemble au vaisseau une vîtesse progressive qui le fait gouverner au gré du Manœuvrier.

Si le temps étoit mauvais, c'est-à-dire, le vent violent & la mer grosse, alors on ne vireroit pas de bord vent devant, parce que les huniers sont sur-tout nécessaires pour cette évolution : ainsi il ne reste plus alors d'autre parti à prendre que celui de virer vent arriere. Cette seconde espece d'évolution s'exécute facilement & avec succès; ce qu'on ne peut pas dire de la méthode de virer vent devant.

Si d'un beau temps & toutes voiles dehors on trouve à propos de virer de bord vent arriere, voici comment on fait faire cette évolution au vaisseau. Comme le vaisseau doit arriver, on supprime les voiles d'arriere qui tendent à le faire venir au vent; on cargue donc l'artimon ainsi que le point sous le vent de la grande voile, on met le perroquet de fougue en ralingue ou dans le lit du vent, & on pousse la barre au vent. Quelquefois, malgré cette manœuvre, le vaisseau n'arrive pas comme on le désire; alors on cargue la grande voile, & on met le grand hunier en ralingue. Mais si, sans ces ressources nouvelles, le vaisseau arrive, on se contente de larguer les boulines du grand hunier & de la grande voile, & on brasse leurs vergues au vent, à mesure que le vaisseau arrive. Dès que la direction du vent paroît être perpendiculaire à la quille, on met en ralingue & le grand hunier & le perroquet de fougue; & dès qu'on arrive vent arriere, il faut que les voiles d'avant se trouvent orientées perpendiculairement à la quille, c'est-à-dire, il faut élever les points du vent de la misaine, brasser les vergues, & border les voiles d'avant. Le vent a-t-il dépassé la pouppe, & le vaisseau n'est-il plus vent arriere par une suite de l'évolution toujours continuée? alors on borde l'artimon, & on évente le perroquet de fougue, ainsi que le grand hunier, en suivant la direction du vent, & on accélere ainsi la vîtesse de rotation. On amure la grande voile, & puis on la borde : on amure ensuite la misaine, & successivement on hale les boulines des voiles d'arriere ; on borde les voiles d'avant, on hale aussi leurs boulines, & après toutes ces manœuvres, le vaisseau se trouve établi sur le bord opposé pour courir sur une nouvelle route, & sous la voilure convenable au temps & aux circonstances.

Si le temps est mauvais, & que le vaisseau à la cape soit obligé de virer de bord vent arriere (*Fig.* 42); s'il est à la cape sous la misaine, par exemple, & le petit foc, on met la barre au vent en brassant les vergues d'arriere en ralingue. Dès que le vaisseau est sur le point d'arriver vent arriere, on file l'écoute de misaine, on souleve le point du vent, on largue la bouline, & on brasse au vent, de façon que, de vent arriere, la misaine soit dans un plan parallele à la largeur du vaisseau; alors on change de bord l'écoute du petit foc. L'évolution continue, &, en s'y conformant, on brasse les vergues comme les positions variées du vent l'exigent; enfin, on amure la misaine sur le bord opposé, ensuite on la borde, on hale sa bouline, & l'évolution est achevée.

Si le vaisseau est à la cape sous la grande voile & le petit foc, & qu'on veuille le faire virer de bord vent arriere, on cargue la grande voile, & on laisse agir le petit foc qui fait arriver, étant secondé par le gouvernail dont la barre est tenue au vent; pendant l'évolution, on tient les vergues d'arriere en ralingue, & celles d'avant à recevoir le vent. Dès que le vaisseau est arrivé vent arriere, on amure la grande voile en tenant cargué le point qui est sous le vent, ensuite on borde le petit foc; & dès que le vent est arrivé par le travers du vaisseau, on borde la grande voile, & on hale sa bouline pour courir sur ce nouveau bord.

Etant à la cape sous l'artimon & le petit foc, on vire vent arriere en carguant l'artimon, & les manœuvres qu'on fait ensuite, ressemblent à celles du cas précédent, c'est-à-dire qu'on change le foc lorsque le vaisseau est vent arriere; & dès qu'il a dépassé ce point, on borde l'artimon pour faire une nouvelle route.

Veut-on virer de bord lorsqu'on est à la cape sous la grande voile d'étai & le petit foc? on met la barre au vent, le vaisseau arrive; & dès que le vent est arriere, on change de bord les écoutes de ces voiles, & la manœuvre est faite.

Si le vaisseau court sous la voile d'étai d'artimon & le petit foc, on a soin, pour virer de bord, d'amener la voile d'étai, & l'évolution se fait en manœuvrant, comme lorsqu'on vire de bord, étant à la cape sous l'artimon & le petit foc.

Lorsqu'un vaisseau est à la mer & qu'il suit une route déterminée, les circonstances peuvent exiger que ce vaisseau soit arrêté au milieu de sa course. Les ancres ne sont plus des moyens convenables dans une mer dont on ne peut plus sonder la profondeur. Ainsi, on se sert du vent même & des voiles, pour anéantir dans le vaisseau tout mouvement progressif, en l'abandonnant cependant à la mer, qui l'entraîne & le fait tomber sous le vent. Si de beau temps on veut arrêter le vaisseau courant toutes voiles dehors, ou, comme disent les Marins, si on veut mettre en panne, on serre les petites voiles, telles que les voiles d'étai, les bonnettes, focs, contre-focs, civadiere & perroquets, excepté le perroquet de fougue; on cargue aussi les basses voiles, & le vaisseau ne court plus alors que sous les deux huniers, le perroquet de fougue & le petit foc. Après cette manœuvre, on borde l'artimon, on amene le petit foc, & on met la barre sous le vent; on brasse carré le petit hunier amené à mi-mât, c'est-à-dire qu'il faut que son plan soit parallele au maître couple du vaisseau. On brasse aussi le grand hunier & le perroquet de fougue, de façon qu'ils soient orientés pour le plus près du vent; &, dans cet état, le bâtiment dérive sans courir de l'avant, parce que le vent sur le petit hunier porte le vaisseau à culer, tandis que le vent sur les voiles d'arriere, tend à le faire courir de l'avant; ces efforts se contrarient & doivent se balancer, alors le vaisseau ne peut plus prendre d'autre mouvement que celui de la mer, & celui qui résulte de l'impulsion du vent sur les voiles dans le sens perpendiculaire à la quille. Ce mouvement, toujours assez considérable, fait toujours tomber un vaisseau sous le vent du lieu où il a mis en panne. Mais, par cette manœuvre, on réussit du moins à arrêter son mouvement progressif autant de temps qu'on le desire. Dès qu'on ne veut plus retenir le vaisseau ainsi arrêté, & qu'on se propose de reprendre sa route, alors on change la barre qui étoit sous le vent, & on cargue l'artimon; le bâtiment ne tarde pas à arriver en faisant cette manœuvre, &, pour accélérer l'arrivée, on borde les focs & on les hisse. Si, malgré ces forces, le vaisseau refuse d'arriver, alors on met le perroquet de fougue en ralingue. Mais s'il arrive, comme on doit l'attendre, on évente le petit hunier, on le hisse, & on appareille toutes les autres voiles que la direction de la route & l'état du vent permettent de déployer (*a*).

Si, dans un mauvais temps & courant sous les quatre voiles majeures, on veut mettre en panne, il faut carguer les basses voiles, border l'artimon & amener les deux huniers en mettant le vent sur le petit hunier; dans cet état, le vaisseau est en panne. C'est la force du vent qui oblige, dans cette circonstance, d'amener les deux huniers, parce qu'on doit craindre avec raison que le vent n'emporte les voiles d'un vaisseau qui ne suit plus son impulsion.

Un vaisseau est-il enfin arrivé au terme d'une route proposée, ou les circonstances l'obligent-elles d'entrer dans un port, une rade ou une baie? alors il faut diriger sa course vers un lieu où le fond de la mer soit propre au mouillage. Ce lieu du mouillage est d'avance déterminé (*Fig.* 47), & il faut manœuvrer de façon qu'en arrivant dans ce lieu, le vaisseau soit sans vîtesse & rangé debout au vent, parce que c'est dans cette situation exigée (sauf les courans) qu'on peut laisser tomber l'ancre sur le fond de la mer. Si le temps est beau, on conduit le vaisseau au mouillage en diminuant de voiles successivement. On cargue donc les voiles hautes, & on amene les petites voiles; on cargue ensuite les basses voiles, si toutefois le vaisseau paroît conserver assez de vîtesse pour le porter jusqu'au lieu du mouillage. Dès qu'il approche de ce lieu, on amene les deux huniers sur le ton, ainsi que le perroquet de fougue; on cargue le grand

(*a*) On met en panne plus souvent de cette autre maniere. Toutes les voiles étant serrées, excepté les deux huniers & le perroquet de fougue (*Fig.* 46), on borde l'artimon & on brasse carré le grand hunier (c'est-à-dire, de façon que son plan soit parallele à la largeur du vaisseau), & on fait porter le petit hunier ainsi que le perroquet de fougue brassés au plus près. La barre du gouvernail est mise sous le vent; & sous cette voilure le vaisseau est en panne. Veut-on ensuite faire servir & reprendre une route déterminée? on hisse le petit foc, on cargue l'artimon, & on change la barre du gouvernail. Cette manœuvre doit alors faire arriver le vaisseau. Si cependant cet effet n'a pas lieu, on met le perroquet de fougue & le grand hunier en ralingue; alors le vaisseau fait nécessairement son évolution. Bientôt il court de l'avant, & dès ce moment on évente le grand hunier ainsi que le perroquet de fougue, & on déploie toutes les autres voiles convenables, soit à la route, soit au vent régnant.

hunier & le petit hunier, on prépare l'ancre, & dès que le vaisseau arrive au lieu du mouillage, on borde l'artimon, on met la barre sous le vent, afin que le vaisseau vienne debout au vent. S'il conserve encore quelque vîtesse, elle est bientôt amortie par l'effet du perroquet de fougue qu'on met sur le mât. Aussi-tôt que le vaisseau paroît arrêté dans sa course, on laisse tomber l'ancre : ensuite on serre les voiles, excepté l'artimon, qu'on conserve déployé jusqu'à ce que le vaisseau qui cule dans ce moment soit debout à son cable, & on file du cable autant que l'exigent la profondeur & l'état de la mer. Le cable qui unit l'ancre mouillée & le vaisseau, est arrêté par la bitte (*Fig.* z), autour de laquelle il fait un tour, & par les bosses *d* avec lesquelles le cable est amarré en arriere de la bitte. Ces bosses sont des tronçons de gros cordages : elles ont trois pieds de longueur dans les vaisseaux de guerre, & leur grosseur est la moitié de celle des cables. Une de leur extrémité est terminée par un cul-de-porc, & par l'autre extrémité elles sont attachées fortement à des boucles de fer fixées sur le pont.

C'est ainsi qu'un vaisseau, dans un beau temps, est conduit & retenu dans un mouillage déterminé (*Fig.* 40). Cependant, suivant ce qui a été dit, le vaisseau n'a mouillé encore qu'une seule ancre; & les circonstances obligent très-souvent à mouiller une seconde ancre. Cette nouvelle opération se fait de deux manieres; ou la chaloupe *Q* (*Fig.* 40.) du vaisseau porte la seconde ancre, nommée *ancre d'affourche*, au lieu où elle doit être mouillée; ou bien, si le vent & la mer s'y opposent, le vaisseau même va mouiller sa seconde ancre. Pour cet effet, on file, du cable de la premiere ancre mouillée, une longueur égale à celle de deux cables & demi : & à cette distance, on laisse tomber l'ancre d'affourche, qui est retenue dans le vaisseau comme la précédente. Cette ancre mouillée, on file de son cable en virant sur le cable de la premiere ancre, jusqu'à ce que le vaisseau soit jugé convenablement placé par rapport à ces deux ancres.

Si un gros vent & une grosse mer faisoient chasser le vaisseau, c'est-à-dire, si leur effort communiqué aux ancres les dégageoit du fond & faisoit sillonner le fond par leurs pattes, alors on mouilleroit une troisieme ancre, nommée l'*ancre de veille*. Si le vaisseau n'étoit pas encore bien retenu par ces trois ancres, alors on mouilleroit ensemble les deux ancres à jet, on ameneroit aussi les deux mâts de hune, ainsi que les basses vergues; & si ces moyens étoient encore insuffisans, la derniere ressource, pour rester en place, seroit de couper les mâts successivement, afin de supprimer tout l'effort qui résulte de l'impulsion du vent sur tout le gréement du vaisseau.

Si le vaisseau doit se rendre au mouillage dans un gros temps, la manœuvre est différente; étant au vent, & à une bonne distance du mouillage, on serre toutes les voiles, & on s'apprête à mouiller, en parant les trois grosses ancres & même les ancres à jet. Dès que, par l'effort du vent, on est arrivé au mouillage, on laisse aussi-tôt tomber une ancre, &, à l'aide de l'artimon bordé, si le temps le permet, on fait en sorte de venir debout au vent. Si, dans cette position, l'ancre chasse & ne tient pas au fond de la mer, alors on mouille une seconde ancre, & successivement la troisieme ancre, ainsi que les ancres à jet. On fait enfin toutes les manœuvres convenables à l'état des choses, jusqu'à ce que le vaisseau, quoiqu'agité par la mer & tourmenté par le vent, soit retenu solidement par les ancres réunies.

Maintenant on pourroit imaginer que ce vaisseau mouillé leve de nouveau ses ancres, & s'éloigne du mouillage en remettant à la voile; mais il devient superflu de le suivre dans une nouvelle course. Jusqu'ici, nous avons supposé sa marche si variée & accompagnée de tant d'incidens, que nous nous sommes préparé toutes les occasions nécessaires au développement de toutes les especes de manœuvres qu'un vaisseau peut faire à la mer. Ainsi il n'est pas besoin d'ajouter d'autres éclaircissemens, pour faire connoître, soit l'usage des voiles que nous avons décrites, soit l'utilité particuliere de chacune de ces voiles. Il sembleroit donc que ce devroit être ici le terme de la description de l'Art de la Voilure. Mais on reconnoîtra aisément qu'elle ne seroit pas complette, si je la bornois à ce qui a été dit précédemment : car si on examine avec attention l'ensemble des objets que j'ai traités jusqu'à présent, on doit voir que je n'ai réellement décrit que la voilure des vaisseaux de ligne. J'ai gardé le silence sur le genre de voilure, soit des bâtimens de guerre d'un rang inférieur, soit des bâtimens de charge, de commerce ou de course de toutes les grandeurs. Si je n'ai pas considéré tant d'objets à la fois, c'est parce que leur multiplicité auroit produit la confusion, & qu'ensuite ce que j'avois à dire du gréement d'un vaisseau de ligne, s'applique aussi bien au gréement particulier de tout autre bâtiment. En effet, des bâtimens en grand nombre ont un gréement parfaitement semblable à celui d'un vaisseau de guerre, & les autres bâtimens portent des voiles qui, sans être en même nombre, sont cependant semblables à certaines voiles des vaisseaux de guerre. Ainsi, après avoir suivi l'exposé de tout ce qui est relatif, soit au gréement, soit à la manœuvre de chaque voile d'un vaisseau de guerre, il devient facile d'imaginer comment sont établies, gréées & manœuvrées les voiles qui leur ressemblent.

La description qui précede aura donc toute la généralité que je veux lui donner, si, en faisant l'énumération de presque tous les bâtimens connus, j'indique les traits de ressemblance qu'on doit remarquer entre leur voilure & la voilure entiere des vaisseaux de guerre, ou quelques parties de cette même voilure.

Supposons que tous les bâtimens connus soient rangés en trois classes, & qu'ils soient distingués par le nombre de leur mât, sans compter le beaupré. La premiere classe, qui est celle des bâtimens à trois mâts, comprend, outre les vaisseaux de ligne de tous les rangs, les frégates, les corvettes, les chebeks, les galiotes, les flûtes, les chattes, quelques bâtimens communs sur la Méditerranée, tels que des pinques, des polacres, des tartanes; & des bâtimens étrangers, tels que les crayers & les buches.

Les frégates, (*Fig.* 39.) corvettes, flûtes Françoises & Hollandoises (*Fig.* 48.), crayers & chattes (*Fig.* 49.), reçoivent un gréement parfaitement semblable à celui des vaisseaux.

La voilure des polacres (*Fig.* 50.) est bien aussi la même; mais les mâts de cette espece de bâtiment étant à pible, le gréement de ces mâts présente seul quelque différence dépendante de ce genre de mâture.

Plusieurs chebeks ont la voilure & le gréement des vaisseaux, tandis que d'autres chebeks ont des mâts (*Fig.* 51.), qui portent chacun une antenne & une voile triangulaire absolument semblable à certaines voiles des vaisseaux, telle que la grande voile d'étai & les focs. Comme cette maniere de gréer est particuliere aux bâtimens de la Méditerranée, il faut que je la fasse connoître avec quelques détails (*Fig.* 52.). Une antenne est une vergue très-longue *a b*, que je ne puis mieux comparer qu'à la vergue d'artimon des vaisseaux, en supposant cependant que son extrémité *a* inférieure soit moins grosse & plus effilée. Ces deux vergues sont semblablement placées & unies de même à leur mât respectif. Il est cependant à remarquer (*Fig.* 1 & 2.), que le mât d'artimon porte d'autres vergues que celle d'artimon, tandis que le mât qui porte une antenne (*Fig.* 52.), n'a pas d'autre voilure que la voile enverguée à cette antenne. Cette vergue est comme celle d'artimon, hissée à l'aide d'une drisse, & gouvernée par des ourses; l'antenne d'ailleurs est garnie de bras qui deviennent nécessaires pour l'orienter. La voile, portée par cette vergue, a la forme d'une grande voile d'étai (*Fig.* 53.), & son envergure est son plus grand côté, qui est égal à la longueur de l'antenne. Cette voile établie à bord d'un bâtiment, est d'ailleurs manœuvrée comme l'artimon des vaisseaux. Les chebeks dont je parle, portent trois voiles à antennes, &, sous cette voilure, ils pincent le vent bien mieux que les vaisseaux.

Les corvettes ont quelquefois trois mâts, & alors elles sont gréées comme les vaisseaux; quelquefois aussi elles sont mâtées en fenaux. Je ferai connoître cette voilure, en parlant des bâtimens à deux mâts.

Les galiotes à bombes Françoises n'ont quelquefois que deux mâts; mais elles en ont souvent trois, qui sont gréés comme ceux des vaisseaux.

Les buches (*Fig.* 53.), bâtimens Hollandois, ont trois mâts, qui portent chacun une voile carrée, semblable aux basses voiles des vaisseaux.

Les pinques (*Fig.* 51.) ont trois mâts, qui portent chacun une voile latine enverguée à une antenne. Ces bâtimens n'ont pas proprement de mât de beaupré; mais on place extérieurement, & à l'avant de ces bâtimens, une longue fleche, qui sert à amurer l'antenne de l'avant.

Les tartanes (*Fig.* 54.) ont aussi, au lieu de beaupré, une longue fleche, qui sert aussi à amurer l'antenne portée par le mât de l'avant. Les deux autres mâts placés à l'arriere, sont à pible, & gréés comme ceux des vaisseaux.

Il y a plus de variété dans les bâtimens à deux mâts, qui sont compris dans la seconde classe, & leur espece est plus nombreuse. On y compte les brigantins, les fenaux, les galeres, les goëlettes, quelques galiotes à bombes, quelques corvettes, ainsi que des bâtimens étrangers, tels que les belandres, les dogres, les felouques, les galiotes Hollandoises, les hourques, les houaris, les ketchs, les koffs, & enfin les chaloupes & canots des vaisseaux. Entre ces bâtimens, les uns ont deux mâts à l'arriere, & les autres un grand mât & un mât de misaine. Ceux de la premiere espece sont quelques galiotes à bombes (*Fig.* 68.), les galiottes Hollandoises. (*Fig.* 67.), les dogres (*Fig.* 69.), les hourques (*Fig.* 67.), & les ketchs (*Fig.* 70.). Ceux de la deuxieme espece sont les fenaux, les brigantins, les galeres, les felouques, les belandres, les houaris, les koffs, ainsi que les chaloupes & canots des vaisseaux. Les voiles des bâtimens à deux mâts de la premiere espece ont une telle ressemblance, soit avec les voiles des vaisseaux déjà décrites, soit avec les voiles des bâtimens à deux mâts de la deuxieme espece, que je me restrains à quelques détails relatifs à ces derniers.

(*Fig.* 55.) Les fenaux sont entre tous ces bâtimens ceux qui approchent le plus des bâtimens à trois mâts, parce qu'à l'arriere du grand mât ils ont un mâtereau placé parallélement à ce mât, & qui lui est uni par le moyen de la hune sous laquelle la tête de ce mâtereau est arrêtée.

Si on établit ainsi ce mâtereau verticalement à l'arriere du grand mât, c'est pour lui faire porter une voile semblable à l'artimon des vaisseaux. La seule différence dans le gréement de cette voile, consiste en ce que cette voile n'est pas enverguée sur une vergue aussi longue que la vergue d'artimon qui croise le mât d'artimon d'un vaisseau. Elle n'est enverguée que sur un bout de vergue qui s'appuie sur le mâtereau par une de ses extrémités, terminée en croissant, pour mieux embrasser le contour de ce mâtereau. Ce bout de vergue est nommé *corne de fenau*. D'ailleurs le gréement du grand mât & du mât de misaine ressemble entiérement à celui de pareils mâts dans les vaisseaux; & leurs voiles sont gréées & manœuvrées de la même maniere. C'est sous cette forme que l'on grée quelques corvettes.

Les brigantins (*Fig.* 56.) ont une voilure presque semblable à celle des fenaux; leur grande voile est placée ou comme l'artimon des vaisseaux à laquelle elle est semblable, ou comme la voile d'arriere du fenau. La seule différence consiste en ce que cette grande voile qui est enverguée à une corne nommée pic dans le brigantin, est bordée par le moyen d'une espece de boute-hors nommé *gui*, qui sert à porter loin du mât le point d'écoure de cette voile. La voile de fenau au contraire est bordée comme l'artimon des vaisseaux; d'ailleurs, les mâts du brigantin portent toutes les autres voiles qu'on établit sur les mâts semblables des vaisseaux.

Les galeres (*Fig.* 57.) ne portent que deux voiles à antennes, une sur chaque mât. Ces voiles sont gréées comme on l'a décrit précédemment.

Les felouques ont la voilure des galeres.

Les deux mâts des belandres (*Fig.* 58) portent une voilure semblable à celle du grand mât & du mât de misaine des vaisseaux, à l'exception de la grande voile, qui est d'une forme pareille à celle de l'artimon des vaisseaux, & qui est placée de la même maniere sur ces bâtimens : la vergue à laquelle elle est enverguée, est comme la vergue d'artimon des vaisseaux ; mais la voile enverguée a beaucoup plus d'étendue, son envergure est égale à la longueur entiere de cette vergue.

Les chaloupes & les canots grands & petits (*Fig.* 59. & 60), portent quelquefois des mâts & des voiles ; alors leur mâture est à balestron. Si on consulte l'Art de la Mâture, on verra qu'il y a deux especes de mâtures à balestron ; les grands canots portent une mâture de la premiere espece, c'est-à-dire que chaque mât a une voile triangulaire. La mâture des petits canots est de la seconde espece, & leurs voiles ont la forme de quadrilatere. Dans les chaloupes, souvent le grand mât porte une voile à antenne, tandis que le mât de misaine a une voile comme celle qu'on fait porter au mât à balestron de la seconde espece.

Les goëlettes (*Fig.* 61.) ont deux mâts qui portent chacun une voile, dont la forme ressemble à celle de la grande voile du brigantin ; chacune est enverguée & bordée comme cette même voile, c'est-à-dire, à l'aide d'un pic & d'un gui. Quelquefois ces voiles sont surmontées d'un hunier ; mais elles ont toujours une voile d'étai, & des focs soutenus par un beaupré.

Les houaris ont une mâture à balestron de la premiere espece. Voyez la Voilure d'un Canot (*Fig.* 6.).

Les koffs (*Fig.* 62) ont une mâture à balestron de la seconde espece, & quelquefois ils portent des huniers. Enfin les chasse-marées (*Fig.* 63.), & les bugalets (*Fig.* 64.), sont gréés en voiles carrées.

La troisieme classe comprend les barques, les bateaux, les cutters, & une infinité d'autres petits bâtimens qu'il seroit inutile de faire connoître séparément.

Quelques-uns de ces bâtimens, tels que les barques de plusieurs especes, ont la voilure la plus simple, qui consiste (*Fig.* 66.) dans une grande voile carrée & quelques focs.

Des bateaux de la Méditerranée portent une voile à antenne (*Fig.* 65.).

Des bâtimens Hollandois, tels que les boyers (*Fig.* 71.), les cagues (*Fig.* 72.), n'ont qu'une seule voile. Celle des boyers ressemble à la voile d'arriere d'un senau, & les cagues ont une mâture à balestron de la deuxieme espece.

Les cutters (*Fig.* 73 & 75), & d'autres bâtimens Anglois, imaginés pour la course ou pour la contrebande, ont un grand mât qui porte un perroquet, un hunier comme ceux des vaisseaux, avec une grande voile qui ressemble à la grande voile du brigantin. D'ailleurs, ces voiles sont accompagnées de plusieurs focs.

Enfin, les bateaux nommés *bermudiens* ou *sloops* (*Fig.* 74.), ont un mât qui porte une grande voile, dont la forme & la position sont les mêmes que celles de la grande voile d'un brigantin, avec un perroquet & un hunier. Ce qui distingue cette derniere voile de hunier, c'est que sa bordure est extrêmement échancrée pour le passage des étais du mât. Les points d'écoute de cette voile descendent d'ailleurs jusqu'au plat-bord, tandis que ceux des huniers se rendent seulement au bout de la grande vergue.

On voit, dans cet exposé, que la voilure de toute sorte de bâtiment ressemble en tout ou en partie à la voilure des vaisseaux de ligne, qui a été décrite avec toute l'étendue convenable. La ressemblance de ces voiles, dans leur forme & leur destination pour les mêmes usages, doivent maintenant faire juger qu'elles ne peuvent pas être gréées différemment. Ainsi, tout considéré, la description de la voilure d'un vaisseau de ligne embrasse nécessairement celle de la voilure de tout autre bâtiment, & il n'est presque aucune manœuvre employée dans le gréement des petits bâtimens, qui ne fasse partie du gréement d'un vaisseau de guerre. Je puis donc penser que je n'ai rien à ajouter pour faire connoître l'Art de la Voilure en général. J'ai cru avoir choisi le meilleur parti en décrivant d'abord la voilure d'un vaisseau de guerre, & en faisant connoître ensuite comment les diminutifs de cette voilure, ou des combinaisons variées des différentes parties de cette voilure, sont employés pour composer la voilure particuliere de tout autre bâtiment. Si ce plan de travail est jugé le meilleur de tous ceux qu'on pouvoit imaginer, & s'il est le plus favorable au développement des objets nombreux qu'il embrasse dans son étendue, il ne me reste plus à désirer que de l'avoir rempli d'une maniere satisfaisante.

FIN.

EXPLICATION

EXPLICATION
DE PLUSIEURS TERMES DE MARINE
Employés dans le cours de cet Ouvrage.

A.

ABATTÉE. Un vaiſſeau abat ou fait une abattée, lorſque l'effort des voiles d'avant étant ſupérieur à l'action des voiles de l'arriere, le vaiſſeau cede, & ſa proue tombe ſous le vent. On fait abattre un vaiſſeau lorſqu'on appareille; & un vaiſſeau ſous voile, qui eſt dirigé ſur une route déterminée, abat auſſi quelquefois de lui-même conſéquemment à un défaut d'équilibre inſtantané entre les voiles de l'avant & celles de l'arriere. Les abattées de la premiere eſpece ſont conformes à la volonté du Manœuvrier, & celles de la ſeconde eſpece s'appellent *arrivées* : elles contrarient & troublent ſes deſſeins. Celles-ci ſont autant d'écarts que fait le vaiſſeau hors de la route que le Manœuvrier veut lui faire tenir : au lieu que l'abattée, dans un appareillage, eſt un mouvement de rotation néceſſaire, & que le Manœuvrier produit expreſſément pour pouvoir diriger le vaiſſeau ſur une route déterminée.

ABATTRE. Le mot abattre a auſſi une autre acception. Il ſignifie coucher un vaiſſeau ſur le côté, afin qu'on puiſſe viſiter & réparer ſa carene.

AGRÈS. Sous ce nom, les Marins entendent tous les cordages, poulies, vergues & voiles néceſſaires à un vaiſſeau, pour qu'il puiſſe être mû par le moyen du vent. Les mâts ne ſont pas au nombre des objets compris ſous le nom général d'agrès. Mais les haubans, les étais, ainſi que les autres manœuvres dormantes qui ſervent à les maintenir, n'en ſont pas exceptés.

AIGUILLES (à voiles), (*Fig. 6.*). Ces aiguilles different par leur forme, des aiguilles communes; celles-ci ſont arrondies dans le ſens de leur épaiſſeur depuis une extrémité juſqu'à l'autre. Les aiguilles à voiles ne le ſont que depuis l'extrémité où eſt le chas juſqu'au milieu de leur longueur. L'autre partie de cette aiguille eſt de forme pyramidale, & terminée par trois faces triangulaires. Les aiguilles employées par les Voiliers, ne ſont pas toutes de même longueur; les plus courtes ont 2 pouces & demi, & les plus longues 5 pouces. Elles ſont diſtinguées entr'elles par l'uſage qu'on en fait. Celles qui ſervent à coudre les ralingues, ſont les plus fortes, & leur chas peut recevoir depuis douze fils juſqu'à ſix; elles ſe nomment aiguilles à ralingues. Le chas des aiguilles à œillet peut recevoir juſqu'à quatre fils. Celles à têtieres ont un chas pour deux, trois ou quatre fils; & enfin celles à coutures, qui ſont les plus petites, ne reçoivent qu'un ſeul fil. Les *Fig.* 5, 6, 7, 8 & * repréſentent un Voilier à l'ouvrage, ſon dé, ſon aiguille, & ſa main en action.

AIGUILLETTES. C'eſt un petit cordage qui a quelques braſſes de longueur, & qui porte ce nom, parce qu'il ſert à attacher deux choſes enſemble. C'eſt à l'aide d'une aiguillette qu'on donne à une poulie une poſition fixe.

AIRE d'un vaiſſeau, c'eſt ſa viteſſe.

AMARRAGE. C'eſt la forme de la liaiſon de deux objets. Une corde les réunit-elle ? cette corde eſt l'amarre; & la maniere dont elle eſt employée pour conſolider la réunion, eſt nommée l'amarrage ou la façon d'amarrer. C'eſt d'après cette diſtinction, qu'il eſt facile de comprendre le langage du Marin, lorſqu'il dit qu'il fait tel ou tel amarrage. Il y a deux ſortes d'amarrages, connues ſous les noms d'amarrages plats, & en étrive. Voyez *Fig.* H. En A & en B, l'amarrage eſt à plat; & en C, l'amarrage eſt en étrive.

AMARRE. Cordage avec lequel on attache ou on retient quelque choſe. Les cables qui retiennent un vaiſſeau flottant dans un port, ſont nommés ſes amarres.

AMARRER. C'eſt attacher ou lier un objet à un appui fixe.

AMENER eſt ſynonyme avec abaiſſer. La peſanteur produit la chute des corps élevés au deſſus de la terre; de même la peſanteur d'une vergue, d'une voile, d'un cordage, d'un pavillon, produit leur deſcente, lorſque ces agrès ſont dégagés de tout ce qui les retenoit élevés. Lorſqu'on largue les driſſes, les balancines d'une vergue, alors ſon poids la fait gliſſer néceſſairement le long du mât auquel elle eſt unie, ou par un racage, ou par des droſſes; & lorſqu'on fait cette manœuvre, on dit qu'on amene cette vergue. Un foc dont on largue la driſſe & l'écoute, & dont on hale le calebas, eſt auſſi amené, parce qu'il deſcend le long de l'étai ou de ſa draille, en partie à l'aide de ſon poids, qui, ſans le frottement, le feroit ſeul deſcendre tout-à-fait. C'eſt ainſi qu'on doit entendre l'action d'amener un hunier, une vergue, un mât de hune, un perroquet, &c. Les baſſes voiles ne ſont point amenées, on les cargue. Les huniers au contraire ſont amenés avant d'être cargués & ferrés, ainſi que les perroquets.

AMURE. Manœuvre qui ſert à mouvoir le point

inférieur d'une basse voile, & à le porter vers l'avant du vaisseau, lorsque le plan de cette voile doit faire un angle aigu avec la longueur du vaisseau. L'amure, dans quelques autres voiles, sert à fixer un point de ces voiles. C'est toujours le point de la voile qui est au vent.

Amurer une voile. C'est tendre cette voile en tirant sur son amure autant que les circonstances l'exigent. Lorsqu'on oriente les voiles obliquement à la quille, alors les basses voiles, telles que la grande voile & la misaine, sont amurées au vent & bordées sous le vent. On hale l'amure qui rappelle sur l'avant du mât le point de chacune de ces voiles, tandis que, sous le vent, l'écoute halée porte le point de ces voiles sur l'arriere des mâts qui les soutiennent. Les voiles sont amurées autant qu'elles peuvent l'être, lorsque le point du vent de la grande voile touche au dogue d'amure, & celui de la misaine au bout du portelof ou minot.

Ancre. On voit une ancre nue (*Fig.* 37.); à côté de cette ancre est le jas en deux parties; & la *Fig.* 38 présente une ancre garnie de son jas, qui est, comme on sait, dans un plan perpendiculaire au plan des bras de l'ancre. L'organeau (*Fig.* 38.) paroît aussi garni, & on apperçoit le bout du cable qui y est attaché ou étalingué.

Araignée. Si on imagine un morceau de bois (*Fig.* F.), peu épais & plus long que large, percé de plusieurs trous distribués dans le sens de sa longueur, & attaché par le moyen d'une cosse au faux étai, par exemple, du grand mât au dessous de la pomme (*Fig.* 1 & 2.); si on imagine aussi le contour antérieur de la hune, percé de plusieurs trous, & qu'un petit cordage amarré sur l'étai remonte pour passer dans le trou le plus éloigné, fait dans la hune, qu'il redescende ensuite pour traverser le bois d'araignée par le trou le plus bas, & que, de là, le même cordage remonte encore à un trou de la hune pour revenir au bois d'araignée & ensuite à la hune, en répétant ces tours plusieurs fois; on verra aisément que toutes ces branches formées par ce cordage, composent une espece de toile d'araignée; & c'est cette ressemblance qui a fait donner à cet assemblage le nom d'araignée. L'usage de cette araignée est d'empêcher que le hunier n'éprouve un trop grand frottement sur le contour de la hune, & que ses fonds ne s'engagent sous la hune.

Ardent (un vaisseau). Lorsque les voiles de l'arriere d'un vaisseau font un plus grand effort que les voiles de l'avant, conséquemment à l'impulsion du vent, alors la proue du vaisseau s'élance du côté du vent; & si le vaisseau ne permet pas, par sa construction & par la situation de ses mâts, qu'on détruise, sans recourir à l'action du gouvernail, cette tendance à venir au vent, alors le vaisseau est nommé ardent.

Arrivée. Un vaisseau fait des arrivées, ou arrive. Il fait des arrivées, lorsque, sous voile, sa proue tombe sous le vent par accès, & alors la direction du vent fait, avec le plan de chaque voile, un angle plus grand, ce qui rend son impulsion plus forte. Quelquefois le Manœuvrier ordonne que le vaisseau arrive, en faisant dominer l'effort des voiles d'avant sur celles de l'arriere, ou en poussant au vent la barre du gouvernail. Ces deux moyens font tourner le vaisseau autour d'un axe vertical.

Armer un vaisseau. C'est l'approvisionner de vivres & de munitions de guerre. C'est aussi lui donner le nombre d'hommes de mer nécessaires, soit pour manœuvrer, soit pour combattre.

Auloffée. C'est un mouvement instantané d'un vaisseau, dont la proue s'élance du côté du vent, soit conséquemment au choc accidentel des vagues, soit à cause d'une supériorité momentanée des voiles de l'arriere sur celles de l'avant.

B.

Bande (à la). Un vaisseau qui, par la force du vent ou par l'action de quelque autre puissance, s'incline d'un côté, est dit donner à la bande de ce côté-là.

Baraquetes. Leur forme est bien exprimée par la Fig. &. Elles portent deux ou plusieurs rouets. Elles s'amarrent, suivant leur usage, ou au ton des mâts ou dans les haubans, parce qu'on s'en sert pour les balancines des huniers & les drisses des focs.

Basses voiles. Comme dans un vaisseau il y a des voiles placées les unes au dessus des autres, soit au grand mât, soit à celui de misaine & d'artimon, celles qui sont les plus basses, & qui sont réellement les plus grandes voiles d'un vaisseau, sont nommées basses voiles, à cause de leur position : on donne ce nom à la grande voile & à la voile de misaine.

Batiment. On donne ce nom général à toute espece de vaisseau.

Bittes. Ce sont deux piliers verticaux, placés sur l'avant du vaisseau. Ils sont fortement assujettis dans la place qu'ils occupent; & pour augmenter leur force, ils sont croisés par une traverse horizontale, nommée coussin des bittes. C'est autour des bittes & du coussin qu'on arrête le cable d'une ancre mouillée (*Fig.* Z.).

Bittons. Leur nom annonce une ressemblance avec les bittes qui servent à retenir le cable d'un vaisseau. Aussi les bittons, dont les dimensions sont bien inférieures, ont une forme semblable à celle des bittes. Les piliers verticaux portent des rouets qui servent pour le passage des écoutes de huniers. On place des bittons en avant du grand mât & en avant du mât de misaine. En arriere de ces mâts, on place aussi sur le gaillard des bittons d'une autre forme, & on les distingue sous le nom de bittons de cargue-fonds. Plusieurs poulies tournantes sont placées verticalement entre deux plans horizontaux, comme on le voit dans la *Fig.* 54. Elles servent au passage des cargue-fonds, des huniers, des cargue-boulines, des palanquins de ris, des drisses de voiles d'étai, des écoutes, des perroquets, &c. Cette derniere espece de bittons a été imaginée depuis peu de temps, pour tenir lieu d'une foule de poulies de retour, qui étoient placées chacune séparément en arriere du grand mât & du mât de misaine, & qui servoient au passage des différentes manœuvres nommées précédemment.

Bord. Ce mot a plusieurs significations dans le langage des Marins. On dit aller à bord, pour dire aller au vaisseau; coucher à bord, être à bord, signifient aussi coucher, être dans le vaisseau. Les Marins emploient aussi le mot bord, pour distinguer les côtés du vaisseau; au lieu de dire l'un & l'autre côté, ils disent l'un & l'autre bord. C'est encore en ce sens qu'on dit bâbord, pour exprimer le côté gauche, & stribord pour le côté droit. C'est aussi dans le même sens qu'on doit entendre les mots franc-bord, vibord, platbord, bordages, bordées, &c.

Border une voile. C'est tendre cette voile autant qu'elle peut l'être, en roidissant son écoute.

Bossoir. C'est une piece de bois A, de très-forte dimension, qui saille en avant du vaisseau (*Fig.* V.), & qui repose sur l'extrémité du couple de coltis. Elle sert à soutenir le poids de l'ancre, soit au moment où elle va être mouillée, soit au moment où, tirée du fond de l'eau, on se prépare à la traverser. Sa position facilite surtout cette derniere opération : car l'ancre au bossoir est rapprochée du côté du vaisseau, le long duquel elle doit être élongée ou traversée. Ensuite la saillie du bossoir a l'avantage d'éloigner du bord la patte de l'ancre, & d'empêcher ainsi qu'elle ne s'engage sous les façons du vaisseau.

Bouée. C'est un corps plus léger que l'eau, & qui a la forme d'un gros cône tronqué (*Fig.* T.); il est de bois ou de liége. Au moment où l'on mouille une ancre, on jette à la mer une bouée, qui tient à l'ancre par un cordage nommé orin. Cette bouée Z (*Fig* V.), plus légere que l'eau, surnage, & se place verticalement au dessus de l'ancre mouillée.

Bouline. La bouline, dans un vaisseau, est une manœuvre destinée à tirer le côté d'une voile, afin qu'elle soit mieux déployée, plus tendue, & exposée plus directement à l'impulsion du vent. Cette manœuvre n'est pas immédiatement attachée à une patte de bouline, mais à des branches de boulines, dont les extrémités fixées sur les pattes embrassent une très-grande longueur de la ralingue latérale de la voile. C'est par un tel mécanisme qu'une bouline halée étend la partie basse d'une voile, & l'empêche de prendre une courbure qui diminueroit l'impulsion du vent. (*Fig.* 1, 2, 16, 21, 27, 28.)

Braguet. Cordage qui passe par dessous le pied du mât de hune guindé, & qui sert à le soutenir. Il a la grosseur de la guinderesse.

Bras. Cordages qui servent à mouvoir les vergues horizontalement, & à les faire tourner autour des mâts qui les soutiennent. Voyez *Fig.* 1 & 2, & sur-tout l'Art de la Mâture. La maniere dont les bras sont placés dans les vaisseaux, n'est pas extrêmement avantageuse. Comme ils doivent faire mouvoir les vergues horizontalement, ils devroient aussi être situés dans le plan horizontal qu'on imagineroit passer par les vergues. Le bras de la grande vergue, par exemple, étant roidi, ne sollicite pas seulement l'extrémité de la vergue à se mouvoir horizontalement; mais il tend aussi à faire baisser cette même extrémité, ce qui ne devroit pas être. On sent surtout ce désavantage, lorsqu'on veut amurer la grande voile; il faut brasser sous le vent, & le point du vent doit toucher au dogue d'amure. Comme la bordure de la voile fait avec la longueur du vaisseau un plus grand angle que l'envergure, cette voile étant bien amurée, alors la ralingue latérale du côté du vent tend à faire baisser l'extrémité de la vergue qui est du côté du vent, tandis que le bras dessous le vent tend à faire baisser l'extrémité sous le vent de la même vergue. Ces efforts sont contraires, & lorsqu'ils ne sont pas combinés avec ménagement, ils peuvent avoir les suites les plus dangereuses. Ces considérations devroient bien engager les Marins à chercher une meilleure position pour les bras de grande vergue. Ceux de misaine sont mieux placés par les mêmes raisons; mais ils tirent la vergue de misaine dans une direction qui est encore bien oblique, & par conséquent leur effort se décompose en trois efforts, tandis qu'il n'en faudroit qu'un seul qui fût perpendiculaire à la longueur de la vergue, & placé dans le plan horizontal qui passe par la vergue. On jugera aisément, d'après ces principes, de la bonne ou mauvaise position des bras des autres vergues.

Brasse. C'est une mesure adoptée par les Marins; sa longueur est de 5 pieds.

Brasser. C'est tirer, à l'aide des bras, l'extrémité d'une vergue pour l'éloigner de sa position perpendiculaire à l'axe de longueur du vaisseau, & pour lui faire former un angle plus aigu.

Brasseyage. Lorsqu'une vergue est dans la situation perpendiculaire à l'axe de longueur du vaisseau, alors il y a une distance entre cette vergue & les haubans du mât qui la soutiennent. C'est cet espace mesuré sur un plan horizontal, passant par la vergue, qui est ce que l'on nomme le brasseyage; parce que réellement c'est par cet espace qu'est borné l'angle le plus aigu qu'on puisse faire faire à la vergue avec l'axe de longueur du vaisseau.

Bredindin. Palan amarré à l'étai, & placé au dessus du grand panneau.

Bressin. C'est l'écouet ou l'amure.

C

Cabillot. La *Fig.* D annonce sa forme. Il est en bois, & son usage a été désigné lorsqu'on a parlé de la maniere d'attacher les écoutes des perroquets. On peut voir un cabillot en place dans la *Fig.* *a*.

Caps-de-mouton. (*Fig.* H.). Leur forme est celle d'une sphere applatie; leur diametre est égal à deux fois la circonférence du cordage qui doit les embrasser, & leur plus grande épaisseur est la moitié de leur diametre. Ils sont percés de trois trous placés triangulairement & perpendiculairement à leur épaisseur. La goujure ou la cannelure qui est pratiquée sur leur épaisseur & dans tout le contour, a une largeur égale au diametre du cordage, & sa profondeur est le quart de ce diametre.

Caponner une ancre. C'est accrocher l'organeau de l'ancre avec le croc de la poulie de capon, & employer ensuite cette poulie pour élever l'ancre jusqu'au bossoir (*Fig.* V.).

Cargues. Les cargues sont des manœuvres qui servent à plier la voile, & à la retrousser jusques au dessous de la vergue à laquelle elle est attachée. Ces cargues prennent divers noms, selon les points de la voile auxquels elles sont amarrées. Celles qui sont frappées sur les pattes de la ralingue de bordure ou de fond, sont nommées cargue-fonds, & par des raisons analogues, les autres cargues reçoivent les noms de cargue-points, cargue-boulines.

Les cargues ne sont adaptées qu'aux seules voiles portées par des vergues : ainsi les focs, les voiles d'étai n'ont pas de cargues. Elles sont pliées & serrées par d'autres moyens assortis, soit à leur forme, soit à leur position.

Cartaheu. Ce mot signifie un cordage qui passe dans une poulie simple, & qui sert, soit à diriger le palan d'étai & à le placer vis-à-vis un paneau, soit à élever ou baisser un objet quelconque.

Chasser. Un vaisseau mouillé est dit chasser, lorsque, pressé par l'effort réuni du vent & des lames, il force son ancre de labourer le fond où sa patte est enfoncée. On voit par conséquent que si un gros vent ou une grosse mer doivent tendre à faire chasser un vaisseau mouillé, cet effet n'a lieu que lorsque le fond n'a pas assez de tenue ou de tenacité. Un vaisseau qui poursuit un vaisseau ennemi, est dit le chasser.

Chat. Sa forme est représentée (*Fig.* 56.). Lorsqu'un vaisseau a deux ancres mouillées, & qu'en évitant, ses deux cables se sont croisés & entortillés, alors, à l'aide de ce chat, on dépasse les cables.

Coiffée (une voile). C'est une voile qui reçoit l'impulsion du vent sur sa face antérieure.

Congréer un cordage (*Fig.* 3.). C'est remplir par un petit cordage assorti les vuides extérieurs qui regnent le long d'un cordage entre les torons qui le forment. Le petit cordage suit le cours des torons, & empêche que l'eau ne s'insinue aussi aisément qu'auparavant dans le centre du cordage; il ajoute d'ailleurs à sa force, & en lui donnant un contour plus arrondi, il le prépare à recevoir de la fourrure une forme plus réguliérement cylindrique.

Cosse (*Fig.* 57.). On voit que c'est un anneau de fer, qui porte une cannelure sur son contour extérieur, afin que cette cosse puisse être entourée par un cordage. Plusieurs poulies portent des cosses au bout de leurs estropes. Ces cosses rendent leur amarrage plus solide. Le centre de la cosse sert souvent au passage d'une aiguillette, & quelquefois à retenir un croc.

Courant d'un cordage. C'est cette partie d'un cordage qui traverse une ou plusieurs poulies. On lui donne le nom de courant, par opposition au nom de dormant qu'on donne au point de ce cordage par lequel il est amarré.

Cueillir un cable ou tout autre cordage. C'est rouer ce cordage & l'étendre circulairement, en lui faisant décrire des circonférences d'un rayon déterminé, qui sont aussi nombreuses que la longueur du cordage peut l'exiger. Cet arrangement fait qu'un cordage tient moins de place, & ses tours réguliers, placés les uns sur les autres, permettent de le filer dans toute sa longueur, sans craindre aucun embarras.

Cul-de-porc. Il y en a de deux sortes. L'un est nommé cul-de-porc simple, & l'autre double. Le premier (*Fig.* G.) est employé pour terminer un cordage par un bouton : les trois torons du cordage sont d'abord séparés, ensuite on les entrelace comme dans la *Fig.* G, & on serre plus étroitement cet enlacement, en faisant repasser chaque toron par-dessous ce bourlet, de façon que les torons reviennent tous sortir par le centre du bourlet, & là, ils sont réunis par un petit cordage : tel est le cul-de-porc simple. Quelquefois les cordons réunis au dessus du bourlet, sont encore enlacés ensemble. Cette espece de cul-de-porc termine ordinairement les bosses de bout & les bosses du cable, ainsi que les estropes des poulies d'écoutes & d'amures des grandes voiles & de misaines des vaisseaux.

Le cul-de-porc double n'est qu'un double cul-de-porc simple; il se pratique pour la réunion de deux parties d'un cordage coupé. Chaque bout séparé étant formé de trois torons, on sépare ces torons, & on détord une certaine longueur de chaque bout. On rapproche les deux bouts, en plaçant les torons d'un des bouts entre les torons de l'autre bout. Alors on fait avec les trois premiers torons un bourlet ou un cul-de-porc simple. On en fait de même avec les trois autres torons; & ces culs-de-porcs, adossés ensemble, ne permettent plus que les deux bouts de cordages puissent être séparés de nouveau. On ajoute même à la solidité de ces bourlets, en étendant au delà du cul-de-porc les torons le long

long du cordage, & en fourrant cette partie du cordage, afin de retenir fixement les extrémités des torons enlacés.

Culer. Un vaisseau cule lorsque, pressé par l'effort de ses voiles coiffées, il recule de l'avant à l'arriere.

D.

Dé. Les Voiliers emploient une espece de dé (*Fig.* 5.), pour pousser leur aiguille. Comme leurs ouvrages exigent & de fortes aiguilles & de grands efforts, un dé ordinaire au bout d'un doigt quelconque de la main, ne seroit pas assez avantageusement placé pour vaincre la résistance que les Voiliers trouvent à coudre à ces voiles les ralingues & les œillets. C'est aussi cette raison qui leur a fait placer un dé de forme convenable au milieu de la paume de la main. Ce dé circulaire A (*Fig.* 7.), s'applique par une face plane sur une laniere de cuir où il est attaché. Les deux bouts de cette laniere sont cousues ensemble, & cette assemblage porte le nom de *paumelle.* Dans cette paumelle, on pratique une ouverture B pour le passage du pouce, afin qu'étant mise en place, elle ne puisse tourner en aucun sens autour de la main (*Fig.* 8.), & que le dé corresponde toujours au milieu de la main pendant tout le cours du travail de l'Ouvrier.

Déborder une voile, un hunier. C'est filer l'écoute ou la larguer par degrés.

Debout au vent. Un vaisseau est debout au vent, lorsque sa proue est tournée directement vis-à-vis le point de l'horizon d'où vient le vent. On dit aussi qu'on a vent debout, lorsque le vent régnant vient directement du lieu où l'on voudroit courir. On doit entendre de la même façon l'expression *debout à la lame*, qui est relative aux vagues de la mer, lorsqu'elles viennent frapper l'avant du vaisseau.

Déferler une voile. C'est la desserrer, c'est défaire les rabans de ferlage qui la tenoient pressée contre la vergue.

Dégréer un vaisseau. C'est ôter tout ce qui compose son gréement, tels que les voiles, vergues, manœuvres, poulies, haubans, étais, &c.

Dehors (une voile). C'est une voile exposée à l'impulsion du vent, & déployée autant qu'elle peut l'être suivant les circonstances.

Dématé (vaisseau). C'est celui qui, par l'effort du vent ou les coups de canon, a perdu ou quelques-uns de ses mâts, ou même tous ses mâts. Lorsqu'on dit qu'un vaisseau est démâté, on ajoute de quel mât, & de combien de mâts.

Déraper l'ancre. C'est dégager la patte de l'ancre du fond de la mer où elle étoit enfoncée.

Dériver. Un vaisseau qui court dans la direction de sa quille n'a pas de dérive; mais si sa route fait un angle avec la direction de la quille, cet angle est nommé sa dérive. Un vaisseau dérive nécessairement, lorsque les voiles ne font pas un angle droit avec l'axe de longueur du vaisseau. Il peut dériver encore, même quand cette condition n'existe pas, c'est-à-dire, quand le courant de la mer, les vagues l'entraînent hors de la route qu'il suivroit, si ces causes n'agissoient pas. La dérive d'un vaisseau sous voiles, & sans égard à l'influence des courans, est toujours dépendante de la forme de sa carene.

Dogue d'amure. Piece de bois A B (*Fig.* 13 & 1.) placée & fixée sur le contour extérieur du vaisseau, à une distance du milieu du vaisseau, égale à la longueur de la moitié de la grande vergue. Dans cette piece est pratiquée une ouverture latérale, dans laquelle est logé un rouet sur lequel passe l'amure de grande voile.

Dormant (faire). Un cordage fait dormant en telle place, lorsque son extrémité y est attachée.

Drisse. C'est en général une manœuvre courante qui sert à élever ou une voile, ou une vergue, ou un pavillon, ou une flamme, &c.

E.

Ecoutes d'une voile, manœuvres frappées aux angles inférieures d'une voile, & destinées à la retenir dans un plan à peu près vertical, contre l'effort du vent qui tend constamment à l'élever. Cette manœuvre rappelle donc vers l'arriere du vaisseau le point de la voile, tandis que l'amure porte sur l'avant le point inférieur qui est du côté du vent, lorsque la route du vaisseau est oblique (*Fig.* 1 & 2.).

Ecubiers, ouvertures circulaires faites auprès de l'étrave dans l'épaisseur du vaisseau. C'est par ces ouvertures garnies de plomb que passent les cables qui tiennent aux ancres en dehors, & qui sont arrêtés en dedans par le moyen des bittes. Il y a deux écubiers de chaque côté de l'étrave.

Emeraquer. C'est tirer à force de bras une corde lâche & pendante.

Empointure d'une voile (*Fig.* 9.). C'est le sommet de l'angle de la voile, formé par la têtiere & la ralingue latérale. Ce coin de la voile est aussi nommé *pointure* par plusieurs Marins.

Encablure. On dit qu'un vaisseau est à une encablure de distance, par rapport à tel ou tel objet, lorsque cette distance est égale à la longueur d'un cable qui est de cent vingt brasses.

Enflechures de haubans. Ce sont des échelons de corde, placés entre les haubans des mâts, & dont la suite forme une échelle par laquelle on peut monter depuis le pont jusqu'au sommet de chaque mât. Chaque enflechure est faite d'un quarantenier qui croise les haubans dans leur longueur, & qui, placé horizontalement, est attaché sur chaque hauban qu'il croise. Ces enflechures sont placées à distances égales, comme les échelons d'une échelle.

Engagé (vaisseau). Un vaisseau à la mer cede toujours en partie, soit au choc des lames, soit à l'effort du vent, en s'inclinant sous le poids de ces puissances; mais sa stabilité le redresse après le passage d'une lame, & le soutient contre l'effort du vent. Cependant, si l'effort des lames & celui du vent l'obligent de s'incliner au delà de certaines bornes, & qu'il reste sous cette inclinaison sans se relever, alors ce vaisseau est ce qu'on nomme *engagé*, & cette situation est extrêmement dangereuse. Il faut alors que le vaisseau soit sollicité à arriver, & par le gouvernail & par la suppression des voiles de l'arriere, en faisant agir le petit foc & la misaine. Si ces moyens sont sans effet, il faut couper le mât d'artimon, ensuite le grand mât, & enfin le mât de misaine, si les circonstances rendent toutes ces pertes nécessaires.

Episser. C'est faire une épissure. *Voyez* Epissure.

Epissure. Les Marins veulent-ils réunir deux bouts de cordage, & rendre cette réunion solide? C'est par une opération qu'ils nomment *épissure* : premiérement, ils commencent par séparer les uns des autres les torons qui composent le bout de chaque cordage (*Fig.* L.); ensuite, par le moyen d'un épissoir (*Fig.* &.), instrument de fer qu'on ne peut mieux comparer, pour sa forme qu'à une corne, ils introduisent (*Fig.* M.) les torons séparés du premier cordage entre les torons serrés du deuxieme cordage, & réciproquement. Cet enlacement fait avec soin, réunit solidement les deux bouts du cordage.

Equipage. Les Matelots, les Canonniers, &c. destinés pour le service d'un vaisseau, composent ensemble ce que l'on nomme son *équipage*.

Estrope d'une poulie. Si on examine la description que nous donnons de la forme d'une poulie de vaisseau à l'article *Poulie* (*Fig.* N.), on remarquera que la caisse ou le moufle de la poulie porte une rainure *m n*, nommée *goujure*. C'est sur cette goujure qu'on fait passer un cordage qui embrasse le corps de la poulie, & qui est nommé *estrope*. Afin de faire connoître comment les Marins estropent une poulie, voici quelques détails sur cet objet. Ils prennent un cordage *e* D, d'une longueur convenable, & de dimensions proportionnées à la poulie; ils fourrent ce cordage qui prend la forme E *d*, & ils épissent ensemble les deux bouts : alors ils placent la poulie entre les branches du cordage (*Fig. a.*), de façon que l'épissure réponde à la base de la poulie. Ces branches embrassent la poulie en suivant chacune la direction de la goujure; &, par un amarrage solide (*Fig.* A.), elles sont ensuite réunies au sommet de la poulie. Par cette opération, il reste au delà de la poulie une boucle plus ou moins longue, formée par le prolongement de l'estrope; & c'est par le moyen de cette boucle que la poulie est amarrée à la place qu'elle doit occuper pour faire le service auquel elle est destinée. Il y a des poulies qui ont une double estrope en corde (*Fig. 6.*); d'autres qui sont ceintes d'une bande de fer, & qui portent un croc (*Fig. e.*); d'autres dont l'estrope, au lieu d'être terminée par une ou deux boucles, l'est par les deux branches du cordage qui sert d'estrope, & dont les bouts n'ont pas été épissés ensemble. Ces deux branches sont quelquefois terminées chacune par un œillet (*Fig. d.*), ou portent chacune une cosse à leur extrémité, afin que les poulies puissent être aiguilletées aisément autour de quelque point d'appui que ces branches doivent embrasser. Les branches qui terminent une estrope, sont quelquefois jointes ensemble l'une contre l'autre, & leur réunion est couronnée par un cul-de-porc (*Fig.* B.) : quelquefois aussi l'estrope, sans être terminée par deux branches séparées, ne l'est que par une boucle dont les branches sont réunies aussi, & portent à leur extrémité une cosse (*Fig. h.*) : quelquefois l'estrope de la poulie est terminée par un simple bout de cordage qu'on nomme *fouet* (*Fig. f.*), & qui sert aussi à arrêter la poulie par des tours multipliés, faits par ce fouet autour d'un objet fixe. Toutes ces variétés, dans les estropes, dépendent des places assignées aux poulies, parce que l'estrope n'a été imaginée que pour soutenir le poids de la poulie, & pour faciliter son établissement dans la place qu'elle doit occuper.

Etablir une voile. Lorsque le Manœuvrier a décidé de la position du plan d'une voile, l'équipage s'occupe à l'orienter, suivant les ordres qui lui sont donnés; & c'est alors qu'il est question de bien l'établir dans cette position déterminée, c'est-à-dire, de la placer de façon qu'elle reçoive le vent sans prendre une trop grande courbure, & que sa surface approche autant qu'il est possible d'une surface plane.

Etais. Ce sont les manœuvres fixes ou les gros cordages qui retiennent les mâts de l'arriere à l'avant; les gros mâts ont deux étais, & cependant ils sont mal étayés. Ils sont soutenus, il est vrai, contre les efforts qui tendent à les rompre dans le sens de l'arriere à l'avant & latéralement, c'est-à-dire que, lorsque les voiles reçoivent l'impulsion d'un vent même violent de l'arriere à l'avant, les mâts éprouvent rarement quelque rupture; mais si le vent vient à frapper sur ces voiles de l'avant à l'arriere ou dans les voiles orientées, alors les mâts de hune, par exemple, résistent peu à une impulsion violente; & cela vient sans doute de ce que les seuls étais qui les soutiennent alors, sont peu suffisans pour anéantir l'effet de ces efforts destructeurs.

Etalinguer le cable. C'est l'attacher à l'organeau de l'ancre (*Fig.* V.). On fait passer le bout du cable dans l'organeau. Ce bout repasse par-dessus, & ensuite par-dessous le courant du cable, & enfin son extrémité est amarrée sur le tour fait par le bout du cable à l'aide de deux amarrages.

Eventer une voile. C'est la placer de façon que le vent qui agissoit auparavant sur sa face antérieure, ou qui étoit dans le plan de ses ralingues, frappe ensuite dans cette voile. On voit ainsi qu'éventer une voile n'est pas la déployer pour qu'elle reçoive l'impulsion du vent; & on ne peut se proposer de l'éventer que dans les cas où le vent régnant souffle sur la voile ou dans le plan de ses ralingues. Alors, soit en faisant agir le gouvernail, soit en faisant abattre, soit en brassant la vergue, la voile est bientôt dans une situation à recevoir le vent dedans, &, dans cet état, elle est dite éventée.

F.

Faseyer. Une voile est dite faseyer, lorsque le plan de cette voile est placé dans la direction du vent.

Filer du cable, de l'écoute, de la bouline & d'un cordage quelconque, c'est larguer graduellement ces manœuvres, & diminuer leur tension, leur roideur, en donnant plus de longueur à la partie du cordage qui soutient l'effort d'une puissance quelconque.

Fleur-d'eau (à), c'est-à-dire, au niveau de l'eau, à la surface de la mer.

Flottaison d'un vaisseau. C'est la section qu'on imagineroit faite à fleur-d'eau dans le corps de ce vaisseau.

Fourrer une manœuvre. C'est la garnir de toile, ou seulement l'envelopper de bitord pour la garantir des effets du frottement. Voyez E *d* (*Fig.* N.). On recouvre une manœuvre de bitord ou autre petit cordage, en attachant fixement le bout du bitord sur cette manœuvre, & ensuite en faisant faire à ce bitord, autour de la manœuvre, une suite de tours pressés & multipliés dans un sens perpendiculaire à la longueur de la manœuvre. De cette façon, les parties d'une manœuvre les plus exposées au frottement, sont recouvertes de toute l'épaisseur du bitord, & souvent même encore de l'épaisseur d'une toile ou de fils de vieux cables qu'on place entre le bitord & la manœuvre. Cette opération de fourrer une manœuvre est accélérée & faite avec plus de succès, à l'aide d'une espece de maillet (*Fig. h.*), qu'on nomme *maillet à fourrer*. Ce maillet porte une cannelure qui embrasse la manœuvre, & le bitord fait deux ou trois tours autour du manche; alors, le maillet tournant autour du cordage, le bitord enveloppe la manœuvre par autant de tours qui sont très-serrés, à cause du frottement qu'éprouve le bitord sur le manche du maillet; frottement qui l'empêche de glisser aussi facilement, & qui par conséquent fait que chaque tour presse la manœuvre plus étroitement.

Frapper une poulie, une manœuvre, c'est l'attacher à quelque objet fixe.

G.

Garcette (*Fig.* 17.).

Garnir. Ce mot est synonyme avec gréer. Garnir un mât, une vergue, &c. c'est les gréer de toutes les poulies & de toutes les manœuvres nécessaires, soit pour les établir & les maintenir dans la place qui leur est assignée, soit pour faciliter l'usage des voiles.

Garniture d'un vaisseau, c'est son gréement.

Goujure. C'est une excavation faite longitudinalement sur le contour extérieur de la caisse d'une poulie. Elle est destinée à recevoir l'estrope de la poulie, & à la retenir dans sa profondeur. Elle est proportionnée à la grosseur du cordage qui forme l'estrope, & sa grandeur est le $\frac{1}{7}$ de la circonférence de l'estrope. Voyez les Figures des Poulies.

Grapin. On voit sa forme dans la Fig. 55. De même que les vaisseaux sont retenus par des ancres, une chaloupe est retenue par un grapin qu'on laisse tomber sur le fond de la mer.

Gréement. C'est l'assemblage des poulies, margouillets, cordages, voiles & vergues dont on munit un vaisseau, pour qu'il puisse naviguer à l'aide du vent.

Gréer un vaisseau. C'est mettre à sa place chaque manœuvre, telles que haubans, étais, galhaubans, vergues, voiles, poulies, écoutes, balancines, amure, bouline, cargues, &c.

Guinder un mât de hune. C'est élever ce mât partiel à la tête d'un bas mât.

Guinderesse, gros cordage qui sert à élever les mâts de hune à la place qu'ils doivent occuper.

H.

Haler. Ce mot signifie tirer avec force. On hale une manœuvre pour la roidir.

Herse d'une poulie. C'est son estrope. *Voy.* Estrope.

Hisser. Ce mot est synonyme avec élever.

J.

Jeu de voiles. C'est la somme de toutes les voiles qui composent la voilure complette d'un vaisseau.

L.

Labourer. Une ancre qui est mouillée, & qui ne peut retenir le vaisseau contre l'effort du vent ou de la mer, sillonne & laboure nécessairement le fond où sa patte est engagée.

Lames. Mot ſynonyme avec flots, ondes & vagues.

Larguer. Ce mot eſt ſynonyme avec lâcher, laiſſer aller ou graduellement ou tout-à-fait.

Lever l'ancre. C'eſt tirer l'ancre du fond, & l'élever juſques au deſſus de l'eau.

Lignes d'eau d'un vaiſſeau. Ce ſont toutes les ſections horizontales qu'on peut imaginer faites dans la carene d'un vaiſſeau.

Lof. C'eſt un mot relatif, qui exprime la poſition d'un objet lorſqu'il eſt placé du côté du vent: c'eſt dans ce ſens qu'on commande à la mer de lever le grand lof, c'eſt-à-dire, de lever le point inférieur de la voile qui eſt placé du côté du vent. Le minot qui eſt connu ſous le nom de *porte-lof*, tire ſon nom de ſon uſage; car il ſert à porter & à retenir le point du vent de la miſaine lorſqu'elle eſt amurée.

M.

Maillet. Voyez *Fourrer*.

Manœuvres. Ce mot a deux acceptions dans la Langue des Marins. On dit faire une manœuvre, & gréer un vaiſſeau de ſes manœuvres. Faire une manœuvre, c'eſt faire uſage des voiles d'un vaiſſeau & du vent régnant, pour produire un effet ou une évolution projetée; & gréer un vaiſſeau de ſes manœuvres, c'eſt le garnir de tous les différens cordages qui ſont néceſſaires, ſoit pour ſoutenir ſes mâts, ſes vergues & ſes voiles, ſoit pour donner aux vergues & aux mâts les poſitions exigées par les circonſtances. Ces cordages, qui portent le nom de manœuvres, ſont diſtingués encore les uns des autres par les noms de manœuvres dormantes & de manœuvres courantes; ou, ſi l'on veut ſe ſervir de termes plus connus, on diſtingue des manœuvres fixes qui ſont établies, & qui reſtent dans une poſition invariable, & des manœuvres mobiles qui varient, ſoit dans leur ſituation, ſoit dans leur action. Les haubans, les étais, &c. ſont de la premiere claſſe; les écoutes, les bras, les driſſes, les boulines, les cargues, &c. ſont de la ſeconde.

Margouillet. C'eſt un anneau de bois (*Fig.* 58), dont le contour extérieur eſt cannelé pour qu'il puiſſe être embraſſé par un cordage; le centre de l'anneau ſert au paſſage de quelques manœuvres.

Moques. Il y a des moques qui reſſemblent, ainſi que les caps-de-mouton, à une ſphere applatie; d'autres ont la forme d'un cœur (*Fig. u.*); mais toutes ont un large trou au milieu, qui ſert aux paſſages multipliés d'une ride employée pour roidir les étais ou autres cordages.

Mouillage, place choiſie ſur le fond de la mer, parce qu'elle eſt ſituée à une profondeur bornée au deſſous du niveau de l'eau, & qu'elle eſt propre à recevoir & à retenir la patte d'une ancre qu'on y laiſſe tomber. Il eſt, comme on voit, de bons & de mauvais mouillages, ſuivant la qualité du fond.

Mouiller. C'eſt laiſſer tomber l'ancre; & un vaiſſeau eſt mouillé lorſqu'il eſt retenu par ſon ancre, dont la patte eſt engagée dans le fond de la mer.

N.

Nœud d'hauban.

O.

Œillet. Ce mot a, dans le langage des Marins, la même acception qu'on lui donne communément. Il ſignifie en général une ouverture circulaire ou alongée, faite pour le paſſage d'un lacet, d'un cordon, &c. mais ſa ſignification s'étend encore plus loin: on nomme œillet, toute boucle formée par un cordage qui revient s'attacher ſur lui-même, comme la boucle que forme la ralingue aux points d'une voile, comme les boucles qui terminent très-ordinairement les herſes ou eſtropes des poulies; & on dit enfin l'œillet de l'étai, l'œillet de la tournevire, & ainſi de mille eſpeces d'œillets qui ſont néceſſaires pour faciliter le gréement d'un vaiſſeau.

Organeau. Anneau de fer qui tient à l'extrémité de l'ancre, & auquel le cable eſt attaché.

Orin. Cordage dont une extrémité eſt attachée à l'ancre mouillée, & dont l'autre bout tient à une bouée flottante verticalement au deſſus de l'ancre, pour indiquer le lieu de l'ancre. L'orin eſt ſouvent employé pour lever l'ancre. Voyez *a b c* (*Fig.* V.).

P.

Parer. Ce mot eſt ſynonyme avec préparer; & c'eſt dans ce ſens qu'il faut entendre ces expreſſions, *parer un cable*, *parer une ancre*, *parer à virer*. Cependant il a une autre ſignification; lorſqu'on dit, parer un rocher ou parer un danger, alors il a l'acception du mot éviter.

Patte. Patte de ris, de bouline (*Fig.* 12.).

C'eſt un demi-anneau formé par un morceau de cordage, dont chaque bout eſt épiſſé ſur la ralingue; les pattes de ris & de boulines ſont auſſi fixées ſur la ralingue, pour qu'on puiſſe y attacher d'autres cordages néceſſaires à la manœuvre des voiles.

Peser ſur une manœuvre. C'eſt faire ſervir le poids de ſon corps à tirer ou roidir une manœuvre.

Point d'une voile. C'eſt en général le ſommet de l'angle

l'angle que forment les deux côtés d'une voile. Ce nom est donné plus particuliérement au sommet de chaque angle inférieur d'une voile éventée : on les nomme points d'écoute.

Porter. Une voile porte lorsque le vent frappe dans cette voile.

Poulie. Une poulie, dans un vaisseau, n'est pas composée d'un rouet B seulement, mais aussi d'une caisse, dans l'épaisseur de laquelle est logé ce rouet. On emploie dans les vaisseaux, des poulies à un, à deux & à trois rouets. Celles à un rouet n'ont qu'une caisse; celles à deux rouets n'ont souvent qu'une seule, caisse où sont logés ces deux rouets l'un à côté de l'autre (*Fig.* O.), dans deux mortaises paralleles, & pratiquées dans l'épaisseur de la caisse : souvent aussi deux caisses, dans un même plan, mises bout à bout, & ne formant qu'un seul systême, contiennent chacune un rouet, telles que les poulies à palan, les candelettes, &c. Ces deux caisses, placées bout à bout, sont aussi quelquefois dans deux plans perpendiculaires l'un à l'autre, telles que les poulies de drisse, de cargue-fond, de grande voile (*Fig.* C.). Il y a aussi les poulies de bout de vergue (*Fig.* Q.), qui sont longues, & qui, dans une même caisse, renferment deux rouets placés à la suite l'un de l'autre, & situés dans des plans perpendiculaires entre eux. Les poulies à trois rouets (*Fig.* R.), sont composées d'une seule caisse à trois mortaises paralleles, pour loger les trois rouets. On connoît encore, dans la Marine, une autre espece de poulie à un rouet, nommée poulie coupée (*Fig.* Y & *y*.). Elle est de forme oblongue; la caisse est ouverte sur une de ses faces, & cette ouverture permet de placer sur le rouet un cordage qui doit servir à une manœuvre prompte. La bouline de grande voile passe sur une poulie coupée (*Fig.* Y.), qui est fixée sur l'avant du vaisseau.

Il me reste à faire connoître les dimensions, & des poulies, & des différentes parties qui les composent : en général, ces dimensions dépendent de la grosseur du cordage qui doit passer sur le rouet. Le diametre du rouet B (*Fig.* N.), dans une poulie simple, est égal à deux fois la circonférence du cordage. Son épaisseur est le tiers de cette circonférence, & la cannelure a une profondeur égale au douzieme de l'épaisseur du rouet. Les rouets sont de gayac; la caisse où ce rouet est renfermé, a une largeur égale au diametre du rouet plus deux fois l'épaisseur de ce rouet : sa plus grande épaisseur est triple de celle du rouet; sa longueur est égale au diametre du rouet plus trois fois & demie l'épaisseur de ce rouet. Dans cette caisse, qui toujours est faite de bois d'orme & d'une seule piece, on pratique une mortaise où est logé le rouet d'orme, & cette mortaise a une longueur égale au diametre du rouet plus deux fois & demie l'épaisseur de ce rouet, tandis que sa largeur n'excede que de deux lignes l'épaisseur du rouet. La goujure, qui est une cannelure *m n* pratiquée sur chaque face extérieure de la caisse, a une profondeur qui est égale au quart de l'épaisseur du rouet. Dans une poulie simple, telle que celle dont nous venons d'assigner les dimensions, le rouet ne correspond pas directement au milieu de la mortaise; & il y a un plus grand intervalle entre le rouet & le haut de la mortaise, pour introduire facilement dans cette ouverture le cordage qui doit passer sur le rouet. Cette ouverture est égale à une fois & demie l'épaisseur du rouet au haut de la mortaise. Dans les poulies doubles, les rouets qui sont placés l'un à côté de l'autre, ont les proportions déjà assignées. L'épaisseur du bois qui sépare les deux mortaises, est ici égale aux deux tiers de l'épaisseur du rouet, & la caisse commune est alors d'une épaisseur qui égale à peu près cinq fois celle d'un des rouets. Les poulies doubles à palan sont formées chacune de deux caisses placées à la suite l'une de l'autre, & tirées de la même piece de bois. Les deux rouets de ces caisses séparées ne sont pas égaux, le diametre du petit étant les deux tiers de celui du grand rouet : les dimensions de chaque caisse ou de chaque rouet, sont calculées suivant les rapports indiqués précédemment; on a soin seulement de donner à chaque caisse la même épaisseur.

Quelques poulies sont à trois rouets paralleles : plusieurs aussi n'ont que deux rouets; leurs dimensions, ainsi que l'épaisseur de l'entre-deux des mortaises, sont calculées comme on l'a prescrit précédemment : il en est de même des poulies de caliorne, qui ont quatre rouets paralleles.

Les poulies de bout de vergue ou d'écoute de hune, ont une forme particuliere, parce qu'une seule caisse est destinée à renfermer deux rouets placés à la suite l'un de l'autre, & dans des plans perpendiculaires entre eux; la caisse par conséquent est conformée convenablement à sa destination. Les poulies coupées pour boulines ont aussi des dimensions réglées sur les rapports énoncés précédemment, avec cette différence cependant que le haut de la caisse est plus alongé, parce que c'est dans cette partie qu'on pratique un trou où passe le cordage qui sert à attacher chaque poulie de cette espece.

Il y a aussi, dans le vaisseau, des rouets de fonte; on les emploie dans les seps de grande drisse & de misaine.

Il y en a dans les bittes du grand & du petit hunier, dans les bossoirs; on s'en sert pour les écoutes de misaine & de grande voile. Les poulies de capon sont aussi garnies de rouets de fonte, ainsi que celles de caliorne, de guinderesse, & de quelques itagues.

Les poulies qui ne reçoivent pas d'estrope, quoique leur caisse soit conformée ou percée pour recevoir un cordage qui les arrête & les fixe dans une position déterminée, ne portent plus le nom de poulie, mais celui de galoches. Les Fig. *β*, Y, *δ*, *y*, *c*, sont de cette espece. Cependant les poulies, représentées dans les Fig. Y & *y*, sont aussi nommées poulies coupées; la premiere Y sert pour le passage de bouline, & la seconde pour aider à rider les liures du beaupré. Celle-ci est ferrée,

& porte un croc. La poulie (*Fig.* β.), eſt une galoche qui ſert au paſſage de la balancine de vergue ſeche. La poulie (*Fig.* K.), eſt une poulie de guindereſſe; ſon eſtrope eſt de fer, & elle eſt armée d'un croc. La poulie (*Fig.* L.), eſt nommée poulie à croc & à émérillon, parce que ſon croc peut tourner dans tous les ſens, ſans que la poulie qui le porte change de ſituation: cette eſpece de poulie ſert pour les driſſes de huniers ou de perroquets de fougue. La Fig. C eſt une galoche pour les cargue-fonds de baſſes voiles. Les poulies repréſentées (*Fig.* 48.), & qui ſont à croc & à œillet, ſont nommées poulies de retour. Les poulies (*Fig.* ϑ), ſont des baraquettes. Voyez ce mot. La Fig. F eſt encore une poulie qui n'a aucune poſition fixe, mais qu'on peut attacher où on veut, à l'aide du bout de cordage qui eſt au cul de cette poulie. Cette marque qui les diſtingue des autres poulies, leur a fait donner le nom de poulies à fouet. Telles ſont à peu près toutes les poulies d'un vaiſſeau & leurs dimenſions.

Près (tenir le plus près). Un vaiſſeau tient le plus près, lorſque, ſes voiles étant braſſées autant qu'elles peuvent l'être, la direction du vent fait avec leur ſurface le plus petit angle ſous lequel il puiſſe les frapper, de maniere cependant qu'il communique quelque vîteſſe au vaiſſeau. Plus la largeur d'un vaiſſeau eſt conſidérable, & plus les haubans empêchent la grande vergue de faire un grand angle avec l'axe de largeur du vaiſſeau; quoiqu'un vaiſſeau donne à la bande par l'impulſion d'un vent oblique; quoique ſes haubans ſous le vent perdent de leur roideur par cette inclinaiſon; la grande vergue cependant, braſſée ſous le vent autant qu'elle peut l'être, ne fait encore avec l'axe de longueur qu'un angle qui eſt de cinq quarts de vent. Ainſi la direction du vent doit donc, pour que ſon impulſion produiſe quelque effet, faire avec l'axe de longueur du vaiſſeau, un angle plus grand que cinq quarts de vent. C'eſt auſſi ce qui fait dire aux Marins, que les gros vaiſſeaux ne portent au plus près qu'à ſix quarts de vent, voulant faire entendre par cette expreſſion, que les vergues étant braſſées au plus près, le vent doit faire avec l'axe de longueur du vaiſſeau, un angle plus grand que cinq quarts de vent. Mais, ſi les vergues ne peuvent être braſſées plus au vent, il n'en eſt pas de même des parties inférieures des baſſes voiles: par exemple, les points du vent de ces voiles ſont portés plus en avant que les extrémités des vergues; & ſi on calcule l'angle que doit faire la partie inférieure de la voile amurée avec l'axe de longueur, on trouve que cet angle peut n'être que de trois quarts de vent.

Palan d'étai. Il ſert à embarquer les objets de cargaiſon ou d'approviſionnement quelconque; il eſt ſoutenu par un pendeur, qui embraſſe le ton du grand mât.

Palan de roulis. Il ſert à retenir les vergues amenées des huniers lorſqu'il y a de grands roulis. Une poulie de ce palan eſt accrochée au bout de la vergue, & l'autre l'eſt au pied du mât de hune.

Palan de mât. Ce ſont les candelettes: celui du mât de miſaine ſert à traverſer les ancres; mais le principal uſage des palans de bas mâts, eſt pour roidir les haubans de ces mâts.

Palan de bout de vergue. Il tient à un pendeur capelé au bout d'une baſſe vergue, & il ſert à éloigner du bord, comme à ſoutenir les chaloupes qu'on met à la mer ou à bord.

Pantoquiere. C'eſt un cordage qui ſemble unir les haubans de ſtribord d'un bas-mât à ſes haubans de bâbord. Elle court horizontalement, & va de l'un à l'autre hauban correſpondant. Ainſi l'on voit que les haubans qui ſe trouvent vis-à-vis l'épaiſſeur du mât, ne peuvent être unis par la pantoquiere. Elle eſt placée à diſtance égale de la hune & du gaillard; &, comme elle eſt roidie, ſa principale utilité eſt d'empêcher que, dans les grands roulis, les haubans ſous le vent ne molliſſent trop, & ne s'éloignent trop du mât qu'ils doivent ſoutenir.

Q.

Quart de vent. C'eſt la trente-deuxieme partie de 360°, ou le quart de 45°. Le mot quart a cependant une autre acception; lorſqu'on dit faire le quart, Officier de quart: faire le quart, c'eſt veiller à la manœuvre du vaiſſeau pendant une certaine partie des vingt-quatre heures de la journée; & l'Officier de quart eſt celui qui, pendant le même temps, commande telle manœuvre que les circonſtances exigent, & que le Capitaine peut ordonner.

R.

Rabans. On peut les nommer cordage de retenue. On connoît, dans la Marine, des rabans de différens noms: les rabans de pointure qui ſervent à lier les points ſupérieurs d'une voile avec la vergue; les rabans d'envergure qui ſont employés à lacer l'envergure d'une voile avec la vergue; les rabans de ris qu'on met en uſage pour retenir fixement la bande de ris auprès de la vergue, & ainſi des autres, tels que rabans de frelage, rabans de pavillon, rabans de ſabords, &c.

Ralingue. C'eſt un cordage à trois torons commis, moins ſerré que les autres auſſieres, & qui prend le nom de ralingue lorſqu'il eſt couſu ſur les bords d'une voile pour en renforcer le contour. Voyez le Traité de la Corderie, de M. Duhamel.

Ratelier de beaupré (*Fig.* x.). C'eſt une longue caiſſe qui renferme pluſieurs paires de rouets, placées à la ſuite l'une de l'autre. Il y a deux rateliers, & chacun eſt attaché dans une ſituation verticale de chaque côté du beaupré: c'eſt leur poſition qui leur a fait donner le nom de ratelier de beaupré. La longueur de la caisse commune à ces rouets, est égale au douzieme de la largeur du vaisseau ; le diametre de chaque rouet est égal à trois fois la circonférence de la bouline de petit hunier.

Rechange. On ne se contente pas de gréer complétement un vaisseau qui va à la mer, mais encore on le munit de plusieurs parties de gréement qui puissent remplacer celles que l'usage, ou le vent, ou la mer peuvent détruire. On le fournit d'un second jeu de voiles, ainsi que d'un demi-gréement en cordages, poulies, chaînes de haubans, lattes de hune, caps-de-mouton, vergues de hune, de perroquet, mât de hune, jumelles, boute-hors, &c. Cet approvisionnement supplémentaire est ce que l'on nomme rechange.

Retour (poulie de). Poulie qui sert à changer la direction d'une manœuvre, afin qu'on puisse la roidir plus commodément.

Ris. Prendre un ris ou larguer un ris. Les Marins disent qu'ils prennent un ris, lorsqu'ils diminuent l'étendue d'une voile de tout l'espace qui regne entre la vergue & la bande de ris la plus voisine. On prend deux ris dans un hunier, en diminuant l'étendue du hunier de tout l'espace compris entre la vergue de grand hunier & la deuxieme bande de ris. Larguer un ris, c'est défaire ce qui avoit été fait en prenant un ris.

Rocambeau. On voit sa forme dans la Fig. 35. Le bâton de foc passe dans l'anneau C ; l'amure du foc est aiguilletée avec le croc *b* de l'émerillon, dans lequel est accroché le bout de la draille ; & la partie *d* du rocambeau, est celle à laquelle est attaché le hale-haut du rocambeau.

S.

Saisine. C'est une fausse cargue, qui, lorsque le hunier est amené, est employée à saisir les deux ralingues latérales du hunier & à les rapprocher, afin que le vent ait moins de prise sur la voile.

Sangle (*Fig.* 18.).

Sec (courir à). C'est l'état d'un vaisseau que l'impétuosité du vent force à courir sans voiles, & par le moyen de la seule impulsion du vent sur les mâts & les manœuvres : c'est ce qui fait que l'on dit également, courir à sec, ou courir à mâts & à cordes.

Serrer une voile. C'est rapprocher les plis qui ont été formés en la carguant ; c'est les presser & les serrer, de façon que la voile en cet état soit réduite au plus petit volume, & présente la plus petite surface possible.

Serrer le vent. C'est orienter les voiles au plus près, & recevoir le vent dans ces mêmes voiles sous l'obliquité la plus grande possible.

Servir (faire). C'est faire porter les voiles ou faire frapper le vent dans les voiles, pour suivre une route déterminée.

T.

Taquets. Morceaux de bois attachés solidement au vaisseau, & de forme propre à l'amarrage de diverses manœuvres d'un vaisseau. Il y a plusieurs especes de taquets, dont la forme est représentée dans les Fig. 49, 50, 51, 52. Le taquet (*Fig.* 49.), qui se cloue sur le vaisseau, est nommé taquet à bosse. Celui qui est représenté (*Fig.* 50.), est cloué contre un mât ; le taquet (*Fig.* 51.), est amarré à un hauban ; ces taquets portent ainsi le nom de taquets de haubans & de mâts : enfin, le taquet (*Fig.* 52.) est nommé taquet de lancage. C'est à ces taquets qu'on amarre les diverses manœuvres courantes.

Tenir le vent, la mer, c'est résister au vent ou à la mer. Un vaisseau qui, malgré la force du vent, poursuit toujours sa même route, est dit tenir le vent, tandis que d'autres vaisseaux, dans les mêmes circonstances, sont forcés d'arriver, par la crainte de perdre leurs voiles ou leurs mâts. On tient la mer, lorsque la fureur & l'élévation de ses vagues ne tourmentent pas un vaisseau jusqu'au point de l'obliger à chercher une retraite dans un port, une rade, une baie.

Toile à voiles. Les toiles employées dans les ports pour faire les voiles, sortent des Manufactures d'Angers, d'Agen, & quelquefois de Rennes. Elles sont de différentes forces, & par conséquent de différentes especes. Il y a des toiles à trois fils & à deux fils, qui sont de la premiere espece. Les premieres servent à faire les grandes voiles, les misaines, les grandes voiles d'étai, & les petits focs des vaisseaux qui portent depuis soixante-quatorze canons jusqu'à cent vingt.

Les toiles à deux fils de la même espece, servent à faire les grandes voiles, misaines, grandes voiles d'étai & petits focs, destinées pour des frégates & de grosses flûtes. Elles servent aussi à faire les huniers, les artimons & civadieres des vaisseaux de guerre, depuis soixante-quatre jusqu'à ceux du premier rang.

Ces toiles ont 21 pouces de largeur.

Il y a des toiles de la deuxieme espece, qui sont & à trois fils & à deux fils. Celles à trois fils sont employées pour les grandes voiles, misaines, grandes voiles d'étai, petit foc des vaisseaux qui portent depuis cinquante jusqu'à soixante-quatre canons. Celles à deux fils de la même espece, servent à faire les grandes voiles, misaines, grandes voiles d'étai, petits focs des corvettes, & pour les artimons, huniers & civadieres des vaisseaux du troisieme rang.

Ces toiles ont aussi 21 pouces de largeur.

Il y a aussi des toiles, nommées melis doubles, qui servent pour faire les voiles d'étai, d'artimon des vaisseaux de guerre, les artimons, huniers & civadiere des frégates, ainsi que des flûtes ;

& enfin les grandes voiles, misaines, grandes voiles d'étai & petits focs des bâtimens qui portent depuis douze jusqu'à dix-huit canons. Elles ont 21 pouces de largeur.

D'autres toiles, nommées melis simples, sont de deux especes : celles de la premiere servent pour les perroquets de fougue des vaisseaux de guerre de tous les rangs, pour les focs des vaisseaux de soixante-quatorze & des rangs supérieurs, & enfin pour artimon, hunier & civadiere des bâtiment de douze à dix-huit canons. Elles ont 21 pouces de largeur.

Les toiles melis simples de la deuxieme espece, servent pour les perroquets, voiles d'étai, de hune, bonnettes basses, & huniers des vaisseaux des deux premiers rangs, pour focs de corvettes, frégates & vaisseaux du troisieme rang, pour perroquets de fougue, voiles d'étai, artimon, bonnettes basses de corvettes, frégates & flûtes. Elles ont 24 pouces de largeur.

D'autres toiles, nommées toiles de bonnettes, servent pour les voiles d'étai & bonnettes de perroquet des vaisseaux de tous rangs, pour voiles d'étai de hune & bonnettes de hunier des corvettes, frégates & flûtes. Elles ont aussi 24 pouces de largeur.

Il y a enfin des toiles à doublage, qui servent à doubler ou à renforcer les voiles dans les parties qui sont les plus exposées à être déchirées, & qui doivent être susceptibles d'une plus grande résistance. Elles ont 21 pouces de largeur.

Traverser une ancre. C'est ranger le long de bord une ancre pendante sous le bossoir, & la fixer dans cette position par le moyen de la serre-bosse.

Trelingage.

Trou du chat. C'est l'ouverture que les Mâteurs laissent au milieu d'une hune, lorsqu'ils la construisent, & qui sert, soit pour le passage de la tête du bas mât, soit pour celui du mât de hune, soit pour celui de plusieurs manœuvres, soit enfin pour celui des Matelots qui sont utiles, ou dans la hune ou à une plus grande élévation.

V.

Vent. Les Marins expriment par des mots particuliers & souvent vagues, soit le degré de force du vent, soit sa position relative à la route qu'un vaisseau doit tenir, soit aussi sa position par rapport à certains points du vaisseau. Les degrés du vent sont marqués par petit vent, vent petit frais, vent maniable, vent gros frais, raffales, risées, gros vent, vent forcé, coup de vent. Le vent, considéré dans sa direction par rapport à la route, est nommé vent favorable, vent contraire, vent debout ; &, relativement à divers points d'un vaisseau, il est nommé vent arriere, vent petit largue, vent grand largue, vent de quartier, vent de un, ou deux, ou trois quarts largue, vent de plus près, vent devant ; par rapport aux voiles, on dit aussi vent dessus, vent-dedans.

Il seroit difficile d'indiquer quel est le degré de force qui fait donner au vent la qualité de bon frais, gros frais, &c. Les autres noms donnés au vent, ou se comprennent aisément, ou sont expliqués dans le cours de l'Ouvrage.

Virer. Ce mot est synonyme avec tourner.

Voilier. L'homme qui porte le titre de Voilier est l'Ouvrier qui fait les voiles. Mais l'on dit aussi d'un vaisseau, qu'il est un bon ou un mauvais voilier, pour exprimer qu'avec tel vent & telle voilure, il marche avec plus ou moins de vîtesse, par comparaison aux autres vaisseaux qui communément, dans les mêmes circonstances, ont un sillage plus ou moins considérable.

FIN.

ERRATA.

Page	colonne	ligne	au lieu de	lisez
5	premiere	47	trous multipliés	tours multipliés.
7	*Idem*	49	de cargue-fond	des cargue-fonds.
Idem	*Idem*	50	des cargues	de ces cargues.
12	seconde	51	pendant	pendeur.
14	premiere	48	au dessus du niveau	au dessous du niveau.
Idem	*Idem*	54	cette suite	cette saillie.
17	*Idem*	4	ou la vergue à stribord	la vergue ou à stribord.
Idem	*Idem*	14	vergue-lêche	vergue-seche.
Idem	seconde	27	*b o*	*b d.*
Idem	seconde	28	*c o*	*c d.*
18	premiere	10 & 15	vergue-lêche	vergue-seche.
20	seconde	derniere	au dessus de la hune	au dessous de la hune.
33		derniere	68 pouces	68 livres.
34		2 duritie.	*la Ville de Paris, ajoutez*	le bau de ce vaisseau a 48 pouc. de longueur.
45	seconde	10	jusqu'aux billes	jusqu'aux bittes.
Idem	*Idem*	18	un cabestan	au cabestan.
46	premiere	59	ce croc	le croc.
47	seconde	46	ces mâts	ses mâts.
Idem	*Idem*	49	en dévirant	en dérivant.
48	premiere	32	de ces deux écoutes	de ses deux écoutes.
Idem	seconde	18	se conforme	se conformant.
49	premiere	7	toutes ces autres	toutes les autres.
50	seconde	50	on lui donne plus d'air	ou lui donner plus d'aire.
51	premiere	2	sous ses voiles	sur ses voiles.
Idem	*Idem*	15	premiers sont orientés	premieres sont orientées,
Idem	seconde	33	élever les points	soulever le point.

Pl. 1ère

Fig. 1ère

a b c d e

H. Penevert del. — Benard Sculp.

L'ART DE LA VOILURE, *Vaisseau de 74 Canons.*

Pl. 2

H. Penevert del. Benard Sculp.

L'ART DE LA VOILURE, Vaisseau de 74 Canons.

Fig. 4

Fig. 32.

Fig. 30.

Fig. 26.

Fig. 22.

Fig. 20.

Fig. 23.

Fig. 11.

Fig. 10.

Fig. 10.

Fig. 12.

Fig. 9.

Fig. 8.

Fig. *

Fig. 52.

Fig. 5.

Fig. 7.

Fig. 6.

H. Penuvert del. Benard Sculp.

L'ART DE LA VOILURE. Pl. 4.

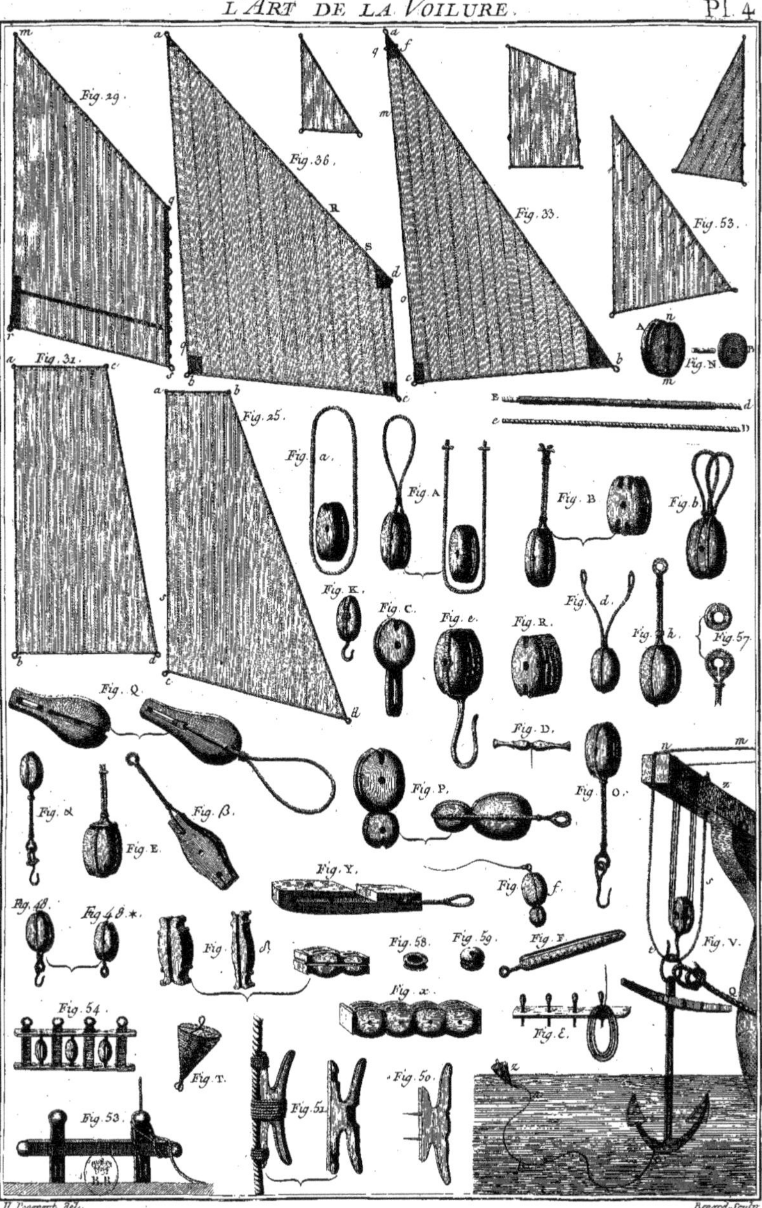

H. Poncevert Del. Benard Sculp.

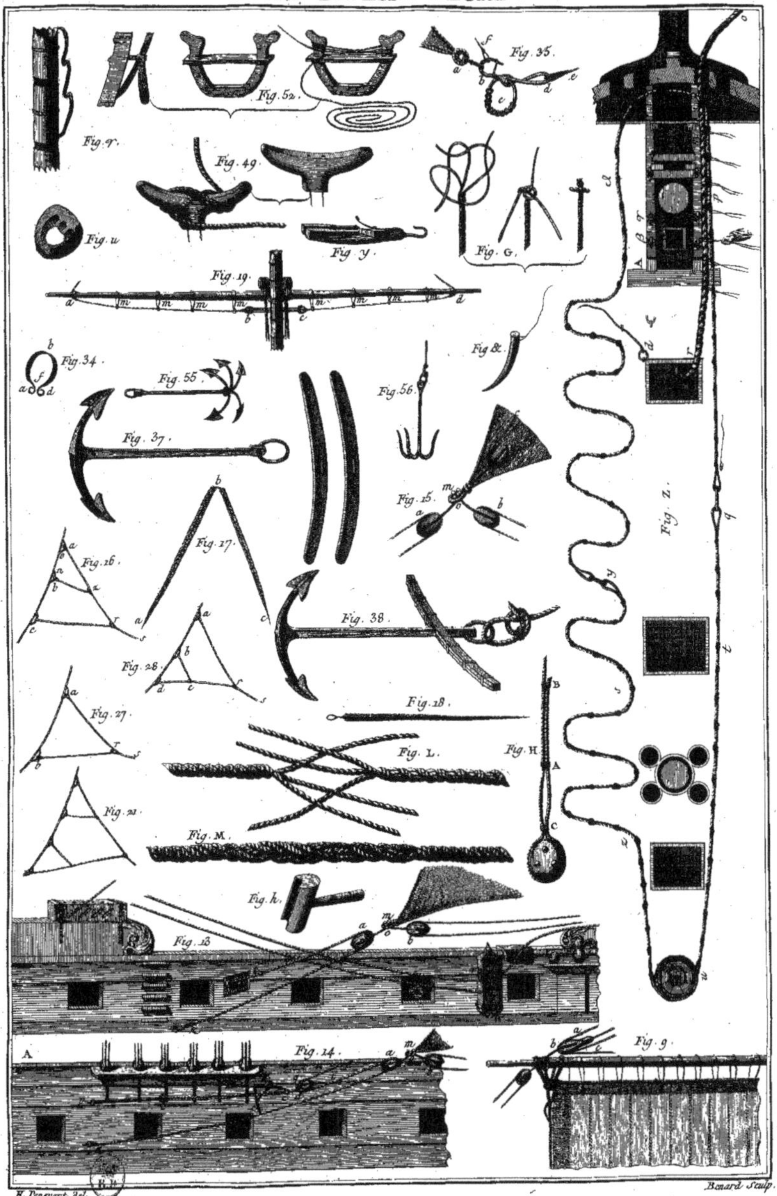

H. Penevert del. Benard Sculp.

L'ART DE LA VOILURE. Pl. 6.

H. Penwert del. Benard Sculp.

H. Penevert del. Benard Sculpsit

H. Penevert del. Bonard Sculp.

L'ART DE LA VOILURE. Pl. 9.

Fig. 46.

Fig. 62.

Fig. 47.

Fig. 67.

Fig. 65. Fig. 66. Fig. 51. Fig. 49. Fig. 58.

H. Penevert del. Benard Sculp.

www.ingramcontent.com/pod-product-compliance
Ingram Content Group UK Ltd.
Pitfield, Milton Keynes, MK11 3LW, UK
UKHW021057270726
13967UKWH00012B/1975